SERGIO BOLART

PERSPECTIVAS DEL CIELO

SU INFLUENCIA EN LA MISIONOLOGIA
LATINOAMERICANA

EDITOR:

ABNER B. BARTOLO H.

SERGIO BOLART

PERSPECTIVAS DEL CIELO

SU INFLUENCIA EN LA MISIONOLOGIA
LATINOAMERICANA

EDITOR:

ABNER B. BARTOLO H

© 2017 Sergio Bolart
© 2017 Publicaciones Kerigma

© 2018 Publicaciones Kerigma
Salem Oregón, Estados Unidos
http://www.publicacioneskerigma.org

Todos los derechos son reservados. Por consiguiente: Se prohíbe la reproducción total o parcial de esta obra por cualquier medio de comunicación sea este digital, audio, video escrito, salvo para citaciones en trabajos de carácter académico según los márgenes de la ley o bajo el permiso escrito de Publicaciones Kerigma.

Diseño de Portada: Publicaciones Kerigma

2017 Publicaciones Kerigma
Salem Oregón
All rights reserved

Pedidos: 971 304-1735

www.publicacioneskerigma.org

ISBN: 978-1948578127

Impreso en Estados Unidos

CONTENIDO

Presentación del editor... 7
Agradecimientos... 9

INTRODUCCIÓN.. 11

1. Justificación de la investigación................................... 12
2. Limitaciones y presupuestos 13
3. Definición de términos... 16
    3.1 Modelo de "visión espiritual" 16
    3.2 Modelo de "nueva creación" 17
    3.3 Misión de la Iglesia 17
    3.4 Cielo 17
    3.5 Vida Eterna... 18
    3.6 Escatología... 18
    3.7 Reino de Dios... 18
4. Estructura del libro.. 19

CAPÍTULO 1: Modelo de "visión espiritual" 21

1. Introducción... 21
2. Historia del modelo 22
3. Pasajes bíblicos que apoyan el modelo 31
4. Presupuestos teológicos y filosóficos detrás del modelo 34
5. Conclusión 42

CAPÍTULO 2: Modelo de "nueva creación" 43

1. Introducción 43
2. Historia del modelo 44
3. Pasajes bíblicos que apoyan el modelo 51
4. Presupuestos teológicos y filosóficos detrás del modelo 54
5. Conclusión 58

CAPÍTULO 3: Evaluación de los modelos de
"visión espiritual" y de "nueva creación" 59

1. Introducción 59

2. Exégesis de pasajes claves en relación a los modelos 60
   2.1 Isaías 65:17-25 60
   2.2 Juan 14:2 65
   2.3 Romanos 8:10, 11, 23 69
   2.4 1 Corintios 15:12-57 74
   2.5 2 Corintios 5:1 79
   2.6 1 Tesalonicenses 4:17 83
   2.7 1 Pedro 1:3-5 87
   2.8 2 Pedro 3:13 90
   2.9 Apocalipsis 21:1-22:5 94
3. Evaluación de los modelos de "visión espiritual"
y "nueva creación" 97
   3.1 Hermenéutica 97
      3.1.1 Hermenéutica complementaria 100
      3.1.2 Hermenéutica contextual 101
      3.1.3 Hermenéutica interdisciplinaria 106
   3.2 Cielo 108
   3.3 Estado Intermedio 111
   3.4 Tiempo 113
   3.5 Visión Beatífica 113
   3.6 Resurrección y Nueva Creación 115
4. Conclusión 117

CAPÍTULO 4: Relación de los modelos de "visión
espiritual" y "nueva creación" con la misión
de la iglesia 119

1. Introducción 119
2. Escatología y Misión 119
3. Reino de Dios 121
4. Compromiso social y justicia 125
5. Voz Profética 134
6. Salvación y Redención 138
7. Conclusión 140

CONCLUSIONES Y RECOMENDACIONES 141
BIBLIOGRAFÍA 147

PRESENTACIÓN DEL EDITOR

"¿Quiénes quieren ir al cielo? Levanten sus manos. Si hoy se termina tu vida, ¿dónde pasarás la eternidad? ¿Irás al cielo o al infierno? Si quieres ir al cielo, a un maravilloso lugar donde no hay dolor ni enfermedad ni muerte, entonces acepta a Jesús como tu salvador personal". Palabras semejantes se escuchan en las iglesias, principalmente en las cristianas-evangélicas, entre los maestros y predicadores. Sin embargo, ¿dónde está el cielo? ¿Los creyentes en Cristo pasarán la eternidad en las esferas celestiales? O, ¿habitarán perpetuamente en una nueva creación?

El pastor y teólogo Sergio Bolart pone a disposición del público lector su libro *Perspectivas del cielo: Su influencia en la misionología latinoamericana*. En su investigación presenta y explica dos perspectivas acerca del cielo: una visión espiritual y una nueva creación. En cada "modelo" o perspectiva explica su desarrollo histórico, sus bases bíblicas y sus presupuestos teológicos y filosóficos. Luego estudia exegéticamente nueve pasajes bíblicos: Is 65:17-25; Jn 14:2; Ro 8:10, 11 y 23; 1 Cor 15:12-57; 2 Cor 5:1; 1 Tes 4:17; 1 Pe 1:3-5; 2 Pe 3:13 y Ap 21:1-22:5. Finalmente, evalúa los dos modelos y plantea la cuestión práctica y misionológica.

Sergio Bolart tiene mucha razón al afirmar que "las ideas que se tienen del *más allá* afectan el *más acá*. Las ideas tienen consecuencias, y las ideas sobre la vida eterna y el cielo que tiene un cristiano afecta su manera de vivir aquí en la tierra". En la vida cristiana pensar en el "cielo" genera esperanza y santificación, motiva el quehacer misionero en favor de amigos y familiares que todavía no conocen al Señor. Sin embargo, "pensar en el cielo" no debe motivar a un "escapismo" de la tierra y su realidad. Pues muchos cristianos tienen más su mirada en los cielos que en la tierra, descuidan su responsabilidad de una misión "encarnacional" y de ser representantes o embajadores de Cristo en el mundo. Y si el cristiano pasará la eternidad en una creación renovada, ¿no conviene cuidar esta?

Tuve el privilegio de conocer a Sergio Bolart y su familia en el año 2011, dentro de las instalaciones del Seminario Teológico Centroamericano. Coincidimos en algunos cursos y disfruté de sus aportaciones y escritos. Ahora él está estudiando el *Doctorado en Filosofía de la Educación Teológica* del SETECA, y estoy convencido que no solo bendecirá a su natal Argentina sino también a toda América Latina.

Recomiendo este libro a todo cristiano y, principalmente, a los estudiantes de escatología. En sus páginas disfrutará de una investigación bibliográfica y exegética acerca del destino eterno de los creyentes en Cristo. Además, encontrará una interesante combinación de ideas, tanto del dispensacionalismo progresivo (con un milenio literal, Craig Blaising) y del amilenialismo con un reino consumado (N. T. Wright), abogando por un cielo terrenal, en aquella "nueva creación", "los cielos nuevos y la tierra nueva" del futuro.

El editor

Abner B. Bartolo H. (peruano) se graduó de *Magíster Theologiae* (M. Th.) en Biblia por el SETECA y la Universidad San Pablo de Guatemala. Enseñó en varias instituciones teológicas de América Latina. Forma parte del equipo de colaboradores en traducción bíblica de *Seed Company*.

AGRADECIMIENTOS

Este libro llega al lector trayendo montañas de bondad de otros. En primer lugar, deseo agradecer a Publicaciones Kerigma por el apoyo al publicar este trabajo. De manera especial, agradezco a Abner Bartolo, querido compañero de seminario, por todo el trabajo de edición y su esfuerzo por buscar que este trabajo sea publicado. Este libro no sería posible sin su inestimable ayuda.

Debo también mi gratitud al Dr. David Suazo; maestro, asesor y mentor; quien guió mi proceso de reflexión e investigación en el tema, y cuyos aportes y desafíos delinearon mucho de lo que aquí se presenta. El Seminario Teológico Centroamericano fue el ámbito donde este trabajo salió a la luz. Gracias a todos los maestros y compañeros por esa experiencia inolvidable de reflexión teológica en comunidad, que marcó para siempre mi vida.

Deseo también expresar mi gratitud a las iglesias en Guatemala que me brindaron, tanto a mí como a mi familia, el espacio para servir y crecer, y practicar mucho de lo que se habla en este libro. A los pastores y miembros de las iglesias "El Manantial" y "Nazaret Central" vayan mis sinceras gracias por todo lo que hicieron por nosotros.

Una mención especial merece la iglesia de mi corazón, ubicada en calle Córdoba 893, San Miguel de Tucumán, Tucumán, Argentina. Sin el apoyo integral de los ancianos y sus miembros, nunca podría haber tenido el privilegio de la preparación recibida en Guatemala. Sería injusto mencionar algunos y dejar fuera a otros. Cada uno de ustedes sabe cómo sus vidas impactaron la mía, y la manera en que Dios muchas veces me abrazó a través de sus brazos. De todo corazón, gracias.

Otra mención especial es necesaria aquí hacia mis padres, David y Juana; y mis hermanas Mariela y Pamela. Dios me colocó en esta familia para enseñarme y moldearme, y aunque fue en mi adolescencia que encontré mi salvación en Cristo, ahora entiendo que mi historia de salvación se remonta a mucho antes que eso. Gracias por todo su aporte en lo que soy.

A lo largo de todo el esfuerzo de investigación de esta obra, mi esposa Vanesa, y en ese momento mi hijo recién nacido Máximo, tuvieron que soportar los tiempos de ausencia del esposo y padre respectivamente. Este libro no sería posible sin su paciencia, apoyo y amor incondicional. Disfrutar hoy con ustedes, y con mi otro hijo Felipe, y Antonella, hija del corazón, la realidad de este libro, es algo que llena mi corazón de gratitud a Dios, por su gracia inmerecida hacia mí. Ninguna expresión de gratitud podría ser abarcadora de lo que hay en mi corazón hacia ustedes.

Finalmente, y lo más importante, quiero expresar mi gratitud a Dios, mi creador, salvador y Señor. Es por él que vivo, me muevo y existo. Y este libro tiene el propósito principal de darle la gloria solo a Él, y desafiar a todo el que lo lee a hacer lo mismo.

INTRODUCCIÓN

A lo largo de la historia muchos son los cristianos que se han planteado la pregunta más que interesante: ¿Cómo será la vida eterna? ¿Cómo será el cielo? Diferentes conceptos e ideas se han propuesto desde los primitivos días de la iglesia hasta el presente. Pero dos modelos que tratan de representar la vida eterna son los que más han sobresalido. Estos modelos, siguiendo la denominación de Craig Blaising, son el modelo de "visión espiritual" y el modelo de "nueva creación".[1]

El modelo de visión espiritual resalta la idea de una jerarquía ontológica, en la cual el espíritu está localizado en el primer lugar de la escala, y la materia ocupa el último. Además, destaca que la perfección de la vida eterna tiene que ver con la ausencia de cambio, en marcado contraste con la vida terrenal actual.[2]

En cambio, el modelo de la nueva creación enfatiza la idea de un reino futuro y eterno, un nuevo cielo, una nueva tierra y la renovación de vida sobre ella, resurrección corporal, e incluso relaciones políticas y sociales entre los redimidos. En consecuencia, el modelo subraya que la eternidad no será una existencia sin tiempo ni cambio, sino una sucesión sin fin de vida y experiencias.[3] Aunque estos dos modelos no son totalmente opuestos entre sí, tienen grandes y marcadas diferencias.

En el presente libro se analizarán estos modelos, y se tratará de entender y explicar la hermenéutica, la teología y la filosofía

---

[1] Craig Blaising, "Premilenialismo", en Darrel Bock, ed., *Tres puntos de vista del milenio y el más allá* (2004), 179.
[2] Ibíd.
[3] Ibíd., 181.

implicadas detrás de estos modelos. En la descripción del tema se prefirió hablar de perspectivas del "cielo", ya que es la manera común en que las personas se refieren a este asunto, por lo cual resulta más sencillo para el lector identificar por dónde va el contenido.

Claro que el interés en investigar y presentar estos dos modelos no giran en torno a la simple curiosidad, sino que el tema tiene implicaciones directas en el entendimiento de la misión de la Iglesia. Cada modelo ha enfatizado ciertos elementos de la eternidad, o de la vida en el más allá, y eso ha repercutido en la manera que se ha entendido la misión de la Iglesia en la tierra durante esta edad previa a la eternidad. Este libro tomará en cuenta esas ideas y la manera que han afectado el evangelismo y todo el quehacer de la Iglesia en cuanto a su misión. Se espera que este trabajo pueda contribuir también a una mejor comprensión de la teología bíblica del Reino de Dios.

Por último, y bajo la presuposición que el que reflexiona no puede aislarse completamente del ambiente y la situación en que vive, se intentará aquí razonar desde un contexto latinoamericano y para el quehacer misiológico de la iglesia latinoamericana, aunque sin descartar posibles aplicaciones para otros contextos. De manera que este trabajo espera proveer un aporte a la filosofía y teología de la misión.

1. Justificación

Este libro se justifica, en primer lugar, debido a que las ideas que se tienen del *más allá* afectan el *más acá*. Las ideas tienen consecuencias, y las ideas sobre la vida eterna y el cielo que tiene un cristiano afecta su manera de vivir aquí en la tierra. Estas ideas sobre el cielo, que pertenecen a la rama de estudio denominada escatología, afectan además la manera de entender la misión de la Iglesia en la tierra. Por ejemplo, si se entiende el cielo y la vida eterna como una realidad espiritual, se enfatizará lo espiritual sobre lo material. De esta manera, la salvación será vista como individual y espiritual. Y la misión de la Iglesia será "llevar almas al cielo". Y *nada más*.

En segundo lugar, se justifica debido a que en general hay poco o ningún conocimiento entre los líderes evangélicos latinoamericanos sobre cómo las ideas sobre el cielo y la vida eterna han afectado la misión de la Iglesia a lo largo de los siglos, comenzando con los Padres, siguiendo por la Edad Media, la Reforma y hasta estos días. De manera que este libro pretende llenar este vacío, proveyendo esta valiosa información.

En tercer lugar, se justifica desde el punto de vista que busca proveer una investigación sobre la manera en que distintos sistemas filosóficos (en especial el platonismo) han afectado la interpretación de la Biblia con respecto al cielo y la vida eterna, prevaleciendo en algunos casos ideas filosóficas contrarias a la enseñanza bíblica. Se espera que el lector de este libro pueda identificar estos elementos filosóficos en sus propias concepciones sobre el cielo y la vida eterna.

En cuarto lugar, se justifica debido a la pertinencia práctica que tiene. Toda enseñanza de la Biblia tiene como fin confrontar al hombre con su realidad, y llevarlo a que conozca, ame y obedezca a Dios. La enseñanza bíblica sobre el cielo y la vida eterna no es la excepción. Como afirma Juan Stam: "La escatología es siempre un llamado a la santidad. No está dada para que especulemos ni simplemente para que conociéramos eventos futuros antes de que acontezcan. Su finalidad es otra; está dada para que obedezcamos a Dios".[4] De manera que este trabajo no tiene como objetivo buscar satisfacer la curiosidad del lector sobre lo que hay más allá de esta vida, sino llevarlo a reflexionar sobre las implicaciones que tienen estos conceptos para esta vida y para la misión de la Iglesia hoy. Como resultado, se espera que cada uno obedezca a Dios en lo que pide. Es en esta pertinencia práctica que también se justifica el libro.

2. Limitaciones y presupuestos

En cuanto a las limitaciones de este libro, debe decirse en primer lugar que la investigación se enfoca en los modelos que tratan de representar la vida eterna, y no en otros temas que corresponden al

---

[4] Juan Stam, *Escatología bíblica y la misión de la iglesia* (1999), 12.

estudio de la escatología. Si bien se reconoce que hay temas importantes en el estudio de las últimas cosas, y que han sido objeto de mucha discusión por parte de eruditos,[5] aquí no se tratan, ya que la intención de esta obra es investigar cómo las ideas sobre el estado final futuro afectan la misión presente de la Iglesia. De manera que todos los sucesos futuros que tengan carácter transitorio se obvian.

En segundo lugar, hay limitaciones en cuanto al trato exegético de los pasajes de la Biblia que hacen referencia al tema del cielo y la vida eterna. Si bien son muchos y variados los pasajes que se refieren al tema, tanto en el Antiguo como en el Nuevo Testamento, en este libro sólo se tratan cuidadosamente nueve pasajes, uno en el Antiguo Testamento y ocho en el Nuevo Testamento. El pasaje del Antiguo Testamento que se trata con atención es Isaías 65:17-25. Mientras que los pasajes en el Nuevo Testamento que son considerados cuidadosamente son Juan 14:2; Romanos 8:10, 11 y 23; 1 Corintios 15:12-57; 2 Corintios 5:1; 1 Tesalonicenses 4:17; 1 Pedro 1:3-5; 2 Pedro 3:13 y Apocalipsis 21:1-22:5. A cada uno de estos pasajes se intenta ubicarlos en su contexto, detallar los aspectos exegéticos relevantes al tema, y las implicaciones teológicas que surjan.

En tercer lugar, en este libro se presta especial atención a los conceptos de misión que se manejan en las iglesias evangélicas latinoamericanas, y las implicaciones que surgen para la misión de la Iglesia están enfocadas en esas iglesias principalmente. Aunque se menciona iglesias fuera de Latinoamérica, y también a la Iglesia de Roma, las propuestas al final van dirigidas especialmente al pueblo evangélico latinoamericano, aunque muchos de esos principios son aplicables a otros contextos.

En cuarto lugar, debe mencionarse que en este libro se trabaja con modelos, los cuales son esquemas teóricos que se elaboran para facilitar la comprensión y el estudio. De manera que es posible que en ambos modelos existan ideas que se yuxtapongan, y también algunos énfasis que posean, y que no se mencionan en este estudio.

Con relación a los presupuestos de esta obra, se asume que las

---

[5] Un claro ejemplo de esto son los mil años del reinado de Cristo al que hace referencia Apocalipsis 20:1-10, conocido como el milenio. Este tema de por sí ha levantado mucha discusión, y diferentes posturas se han propuesta en torno al mismo.

ideas sobre el cielo y la vida eterna tienen una influencia directa en la manera de vivir del individuo en el presente, y también en la misión de la Iglesia en la tierra antes de ese estado final. Además se da por sentado que las ideas sobre el estado eterno y el cielo que se presentan aquí por parte de eruditos tienen como fuente principal de información la Biblia, la cual es considerada Palabra de Dios, con autoridad suprema para proveer verdad con respecto al futuro. Así que se consideran los pensamientos de autores que se identificaron como cristianos a lo largo de la historia, y cuyas ideas sobre el cielo y el estado eterno tuvieron en la Biblia su principal fuente. Dicho lo anterior, es necesario reconocer también que se asume que muchas de las ideas vertidas por dichos autores vienen impregnadas por la influencia de la filosofía predominante en su tiempo, de manera que aunque la Biblia sea la base, muchas de las ideas que se presentan vienen matizadas por la influencia de la filosofía y teología del autor.[6]

Otro importante presupuesto tiene que ver con las ideas hermenéuticas con que cada uno llega a la Biblia. En este sentido el método de interpretación es la otra pieza clave (además de la filosofía y teología) mediante la cual las ideas sobre el cielo y la vida eterna salen a la luz. Es por esto que se trata de prestar especial atención a indicios sobre el método de interpretación que los diferentes autores utilizaron en sus ideas sobre la vida eterna.

El presente libro pretende bridar una investigación y reflexión sobre la manera en que las ideas sobre el cielo y la vida eterna afectan las ideas sobre la misión de la Iglesia, de manera que no se presentan en este trabajo estrategias ni pasos para realizar la misión, sino más bien principios orientadores para los líderes evangélicos latinoamericanos sobre cuál debe ser la tarea de la Iglesia, a la luz de una concepción del cielo y el más allá que esté más acorde con la presentada en la Biblia. Además, en las recomendaciones se brindan algunas ideas que pueden servir para aplicar esos principios.

Como marco teórico se utilizarán los conceptos de los eruditos

---

[6] Se debe aclarar desde ya que la influencia de la filosofía dominante en el teólogo que reflexiona en un determinado lugar y tiempo, no es *a priori* algo malo, e incluso hasta cierto grado es inevitable. Lo malo es cuando esas ideas filosóficas alejan al teólogo del mensaje de la Escritura.

Craig Blaising[7] y N.T. Wright,[8] con quienes el autor de este libro tiene una gran deuda. El primero ha presentado de manera clara y sucinta los dos modelos que tratan de representar la vida eterna, y que se desarrollan en detalle en esta obra. El segundo es quien más y mejor ha trabajado la relación entre los conceptos sobe el cielo y la misión de la Iglesia. De manera que la contribución de estos dos autores a este trabajo es invaluable.

3. Definición de términos

Hay ciertos términos clave que se presentan a lo largo de este trabajo, y que conviene aclararlos aquí. Ellos son: 1) modelo de "visión espiritual", 2) modelo de "nueva creación", 3) misión de la Iglesia, 4) cielo, 5) vida eterna, 6) escatología, y 7) Reino de Dios.

3.1 Modelo de "visión espiritual"

El modelo de "visión espiritual" es un modelo que trata de representar la vida eterna, destacando textos bíblicos que prometen que los creyentes verán a Dios o recibirán conocimiento completo en el estado futuro bienaventurado. Este modelo resalta la idea de una jerarquía ontológica, en la cual el espíritu está localizado en el primer lugar de la escala, y la materia ocupa el último. Además, en este modelo es el cielo el destino de las personas salvas, las cuales estarán en ese lugar que será espiritual, apartado de lo terrenal, y los redimidos, como seres espirituales, estarán ocupados eternamente en actividades espirituales. En el modelo de visión espiritual la perfección de la vida eterna tendrá que ver con la ausencia de cambio, en marcado contraste con la vida terrenal actual.[9]

---

[7] Sus conceptos fueron extraídos de su aporte en relación al "premilenialismo", en el libro de Darrell Bock, *Tres puntos de vista del milenio y el más allá*.

[8] Sus conceptos fueron extraídos del libro, N. T. Wright, *Sorprendidos por la esperanza: repensando el cielo, la resurrección y la vida eterna* (2011). Se puede consultar también la obra en inglés, *Surprised by Hope: Rethinking Heaven, the Resurrection, and the Mission of the Church* (2008).

[9] Se pueden ver más detalles de este modelo en Blaising, "Premilenialismo", en

3.2 Modelo de "nueva creación"

A diferencia del modelo de "visión espiritual", el modelo de "nueva creación" utiliza textos bíblicos que hablan de un reino futuro y eterno, un nuevo cielo, una nueva tierra y la renovación de vida sobre ella, resurrección corporal, e incluso relaciones políticas y sociales entre los redimidos. En este modelo la vida eterna no es una existencia sin tiempo y cambio, sino una sucesión sin fin de vida y experiencias. A diferencia del otro modelo, aquí no se rechaza lo físico y lo material, sino que se los afirma a ambos como esenciales a una antropología integral y a la idea bíblica de una creación redimida.[10]

3.3 Misión de la Iglesia

La misión de la Iglesia resume el propósito por el cual, la Iglesia de Jesucristo, está todavía en la tierra. Tradicionalmente en las iglesias evangélicas esta misión se ha confinado a llevar el mensaje del evangelio a todo el mundo, lo cual está incluido en la misión de la Iglesia, pero de ninguna manera la agota en su extensión. Por lo que en esta obra se trata de pintar el cuadro completo de lo que implica la misión. Así, se entiende la misión de la Iglesia como dar testimonio acerca de Jesucristo como Señor de la totalidad de la vida y de toda la creación.[11]

3.4 Cielo

Hay muchas ideas sobre el cielo, tales como el lugar donde Dios está, o el lugar donde los seres queridos buenos van después de morir, etc. Aunque en el capítulo tres se desarrolla este tema en detalle, por ahora baste definir el cielo como "la otra dimensión, la dimensión oculta de la vida cotidiana".[12]

Tres puntos de vista del milenio y el más allá, 179-80.
[10] Se puede ver más detalles de este modelo en Ibíd., 181-83.
[11] C. René Padilla, *¿Qué es la misión integral?* (2006), 15.
[12] Wright, *Sorprendidos por la esperanza,* 50.

3.5 Vida eterna

También de vida eterna hay diferentes ideas, pero aquí se entiende vida eterna como fórmula escatológica, lo cual no es meramente existencia sin fin, sino existencia inacabable en plenitud, y en intimidad con Dios. A "vida eterna" se opone la existencia vital humana completa, pero desgraciada, de los condenados.[13]

3.6 Escatología

La palabra "escatología", que literalmente quiere decir "el estudio de las últimas cosas", no se refiere únicamente (ni principalmente) a la muerte, al juicio, al cielo y al infierno, tal como se pensaba antes (y tal como aún es posible que se defina el término en algunos diccionarios teológicos).[14] Más bien, se refiere a la creencia firme que tenían casi todos los primeros cristianos, al igual que la mayoría de los judíos del primer siglo, de que la historia no era cíclica, sino que se dirigía a una consumación bajo la guía de Dios, y que esa consumación tenía que ver con un nuevo mundo de justicia, sanidad y esperanza.[15]

3.7 Reino de Dios

El Reino de Dios puede definirse como el dominio universal de Dios sobre todo lo creado, aunque en un sentido más específico puede entenderse como la manifestación de Su dominio sobre la tierra. Es en este último sentido en que se usa este término en este trabajo, y se trata de desarrollar las distintas ideas en relación a esto, con especial atención a la tensión entre el "ya" y el "todavía no" de la manifestación de este reino.[16]

---

[13] Cándido Pozo, *Teología del más allá* (1968), 381. En un sentido más amplio, puede entenderse la vida eterna como aquella que disfruta el creyente desde el momento de su conversión, al entrar en un relación con Dios a través de Jesucristo (Jn. 17:3). Sin embargo, debido al propósito de esta investigación, se delimitará el concepto a la calidad de vida que habrá cuando el mundo tal y cual se conoce deje de existir.

[14] Wright, *Sorprendidos por la esperanza*, 175.

[15] Ibíd.

[16] Esta definición del Reino de Dios está basada en Oscar A. Campos, "El Reino

4. Estructura del libro

El libro consta de cuatro capítulos. El capítulo uno explica el modelo de "visión espiritual". Consta de un desarrollo histórico de este modelo, una mención de los pasajes bíblicos que apoyan principalmente este modelo, y las ideas teológicas y filosóficas que lo sustentan. El capítulo dos se encarga de exponer el modelo de "nueva creación", con la misma metodología que el anterior. El capítulo tres contiene una exégesis por parte del autor de nueve pasajes bíblicos claves con respecto al tema. Además, se presenta una evaluación de los dos modelos, prestando atención a los elementos claves que los delinean y configuran. El capítulo cuatro gira en torno a los conceptos vistos anteriormente, y su relación con la misión de la Iglesia. Se ha intentado mostrar la influencia directa de los modelos expuestos en los énfasis que se han dado a la misión. De manera especial se ha considerado la relación de la escatología con la misión, el Reino de Dios y la misión, y los elementos constitutivos de la misión, como ser el compromiso social y con la justicia, la voz profética y el significado de la salvación y la redención. En cada caso, se ha prestado especial atención al contexto latinoamericano, y de manera particular al de las iglesias evangélicas. Finalmente, se presenta una recapitulación de los temas principales, además de recomendaciones a modo de conclusión de la obra.

---

de Dios como tema central de la Biblia" (2009), 1-6.

CAPÍTULO I

MODELO DE "VISIÓN ESPIRITUAL"

1. Introducción

El objetivo de este capítulo es presentar un panorama comprensivo de lo que representa el modelo de visión espiritual. De lograrse este objetivo, al final del capítulo el lector podrá entender las interrelaciones entre las ideas teológicas y filosóficas que fueron configurando lo que se denomina aquí modelo de visión espiritual, y cómo éste ha influenciado en el cristianismo a lo largo de la historia.

Para lograr el objetivo se ha dividido el capítulo en tres secciones. La primera es una sección histórica, donde se intenta mostrar cómo las ideas pertenecientes a este modelo estuvieron presentes a lo largo de la historia de la Iglesia, y quiénes fueron los principales propulsores de esas ideas. La segunda sección es bíblica, y en ella se mencionan y comentan brevemente los pasajes bíblicos utilizados para fundamentar el modelo. Finalmente, la tercera sección es teológica y filosófica, en ella se exponen los distintos presupuestos filosóficos y teológicos detrás de las ideas pertenecientes a este modelo, y se muestra cómo estos presupuestos afectaron la hermenéutica que se utilizó al interpretar los textos que sustentan el modelo.

2. Historia del modelo

Según Blaising, "el modelo de la visión espiritual predominó desde el tercer siglo hasta la edad moderna temprana. Con algo de variación, todavía ejerce influencia considerable hoy."¹ Durante los primeros dos siglos, es posible encontrar ideas que luego se asociaron con el modelo de visión espiritual, pero sin duda fue la gran influencia de Orígenes (185-253 d.C.)² de Alejandría la que elevó el modelo a una posición preponderante en el consenso cristiano.³ Kenneth Scott Latourette apunta que bajo la persecución iniciada por Septimio Severo (193-211) en el 202 d.C., pereció el padre de Orígenes en Alejandría, y Orígenes, en su ardor de adolescente, anhelando tener el mismo destino que su padre, no terminó muerto debido a la justa intervención de su madre, quien le escondió la ropa.⁴ Este parece haber sido el tenor del celo por la fe cristiana que caracterizó a Orígenes. Luego de cuarenta años de haber sucedido el incidente mencionado, estando predicando en Cesarea, Orígenes declaró: "De nada me sirve haber tenido un padre mártir si no tengo una buena conducta y no honro la nobleza de mi estirpe, esto es, el martirio de mi padre y el testimonio que lo hizo ilustre en Cristo".⁵

En cuanto a la obra literaria de Orígenes, Alfonso Ropero comenta que "de la inmensa producción literaria de Orígenes, más de seis mil títulos, según Epifanio de Salamina, se ha conservado sólo una exigua parte".⁶ Luego añade:

> Escribió obras de carácter apologético, dogmático y ascético, pero la mayor parte gira en torno a la Sagrada Escritura. Estudió todos los libros del Antiguo y Nuevo Testamento. La teología de Orígenes, como la de todos los escritores de épocas precedentes, está basada en la Sagrada Escritura, a la que

---

[1] Craig Blaising, "Premilenialismo", en Darrel Bock, ed., *Tres puntos de vista del milenio y el más allá*, 183.

[2] Se puede ver un excelente resumen de la formación y ministerio de Orígenes en Alfonso Ropero, *Lo mejor de Orígenes* (2002), 37-44.

[3] Ibíd., 186.

[4] Kenneth Scott Latourette, *Historia del Cristianismo* (1958), 1:125.

[5] Padres de la Iglesia, "Orígenes de Alejandría. Vida y Obra", 18 de julio de 2009, http://padresdelaiglesia.blogspot.com/2009/07/origenes-de-alejandria-vida-y-obra.html (consultado 10 abril de 2012). Esta cita de Orígenes proviene de su homilía sobre Ezequiel, 4.8.1, de la cual no hay hasta el momento una traducción en español. Para una traducción al inglés de esta homilía, ver Thomas P. Scheck, *Homilies 1-14 on Ezekiel* (2010), 75.

[6] Ropero, *Lo mejor de Orígenes*, 17.

reconoce una autoridad absoluta y determinante.[7]

Para Blaising, fueron tres los aspectos del trabajo de Orígenes que atrajeron a los cristianos:

> (1) él afirmó la regla básica de la fe contra los judíos, paganos, y gnósticos; (2) él afirmó las sensibilidades metafísicas de la cultura platónica, haciendo que su teología sea más atractiva a las clases educadas que la teología de la nueva creación de Ireneo; y (3) él produjo comentarios y sermones mostrando cómo exponer su teología de la Escrituras.[8]

Al exponer el pensamiento de Orígenes, quizás lo mejor sea comenzar con la manera en que Orígenes interpretaba la Escritura, ya que como apunta Justo González, "la exégesis fue siempre el principal interés teológico del maestro alejandrino".[9] Ropero opina que:

> Para Orígenes, la Biblia es real y verdaderamente la inspirada Palabra de Dios, que a semejanza del Verbo encarnado, oculta su dignidad bajo la letra del texto, como Cristo la oculta bajo su cuerpo humano; y sería impío pretender encerrar la infinita fecundidad de la Palabra de Dios en una determinada interpretación imaginada por la débil mente humana.[10]

Así que, "Orígenes creyó que los cristianos tenían que leer las Escrituras en una manera espiritual, y sus comentarios demostraron cómo hacerlo con las palabras, nombres, relaciones narrativas, y aun con las formas de las letras hebreas".[11] Pero claro que Orígenes no descartó el sentido literal de las palabras del Texto Sagrado. Él pensaba que "cuando los textos bíblicos, tomados en su sentido literal, conducen a un significado descabellado o inmoral... no hay más

---

[7] Ibíd.
[8] Blaising, "Premilenialismo", en *Tres puntos de vista del milenio y el más allá*, 186.
[9] Justo L. González, *Historia del pensamiento cristiano* (2010), 184.
[10] Ropero, *Lo mejor de Orígenes*, 24.
[11] Blaising, "Premilenialismo", en *Tres puntos de vista del milenio y el más allá*, 186.

remedio que acudir al método alegórico, de otro modo el cristiano no podría defenderse de la acusación de seguir mitos bárbaros".[12] De modo que Orígenes propuso "la doctrina de que un texto bíblico tiene —o puede tener —tres sentidos diversos pero complementarios: un sentido literal o corporal, un sentido moral o psíquico, y un sentido intelectual o espiritual".[13] O como el mismo Orígenes lo expresa: "Así como se dice que el hombre consiste de cuerpo, alma, y espíritu, también la Sagrada Escritura, que nos ha sido concedida por la divina generosidad para la salvación del hombre".[14] Esta manera de interpretar la Escritura fue la forma que Orígenes halló para responder a los ataques a la fe cristiana por parte de diferentes grupos, intentando siempre basarse en el Texto Sagrado. La observación de Ropero es pertinente aquí:

> Para el intérprete moderno, más compenetrado con el sentido histórico de la revelación y del conocimiento, esos pasajes se pueden explicar en función de su tiempo, pero Orígenes, junto a sus contemporáneos, para los que la Biblia es un dictado del Espíritu ahistórico de carácter moral y salvífico, no tenía otra manera de defender el Antiguo Testamento contra los paganos y, especialmente, contra la crítica de los herejes, gnósticos y marcionistas, que mediante la *alegoresis*.[15]

De esta forma, y como destaca González:

> Es el sentido espiritual de las Escrituras el que verdaderamente cautiva el interés de Orígenes. Aquí tiene él plena libertad de alzarse en esos vuelos especulativos que son tan de su agrado y tan característicos del pensamiento alejandrino —tanto cristiano como judío y pagano. Por otra parte, la exégesis espiritual le permitió descubrir puntos de contacto entre la filosofía platónica y el mensaje bíblico, sin sentirse obligado a

---

[12] Ropero, *Lo mejor de Orígenes*, 24.
[13] González, *Historia del pensamiento cristiano*, 184.
[14] Orígenes, *Tratado de los principios,* IV.1.11, en Ropero, *Lo mejor de Orígenes*, 314.
[15] Ropero, *Lo mejor de Orígenes*, 24.

abandonar ninguno de estos dos polos de su pensamiento.[16]

Para entender la escatología de Orígenes, quizás sea mejor comenzar con su contraparte, es decir, sus ideas sobre la creación. Estas ideas evidencian el alto grado de influencia del idealismo platónico sobre Orígenes.[17] Según José Vives, para Orígenes "el objeto directo y primario de la creación de Dios son las naturalezas racionales y libres, hechas para que libremente pudieran conocer y adherirse a Dios, su único bien".[18]

En su *Tratado de los principios,* Orígenes comenta:

> Hemos dicho ya muchas veces, apoyándonos con las afirmaciones que hemos podido hallar en las Escrituras, que el Dios creador de todas las cosas es bueno, justo y omnipotente. Cuando Él en un principio creó todo lo que deseó crear, a saber, las criaturas racionales, no tuvo otro motivo para crear fuera de sí mismo, es decir, de su bondad. Ahora bien, siendo Él mismo la única causa de las cosas que habían de ser creadas, y no habiendo en Él diversidad alguna, ni mutación, ni imposibilidad, creó a todas las criaturas iguales e idénticas, pues no había en Él mismo ninguna causa de variedad o diversidad. Sin embargo, habiendo sido otorgada a las criaturas racionales, como hemos mostrado muchas veces, la facultad del libre albedrío, fue esta libertad de su voluntad lo que arrastró a cada una –de las criaturas racionales-, bien a mejorarse con la imitación de Dios, bien a deteriorarse por negligencia. Ésta fue la causa de la diversidad que hay entre las criaturas racionales, la cual proviene, no de la voluntad o intención del Creador, sino del uso de la propia libertad.[19]

Como se puede ver, para Orígenes en el principio todos los seres racionales (o intelectos) eran iguales e idénticos, y tenían el

---

[16] González, *Historia del pensamiento cristiano,* 185.
[17] Ibíd., 191.
[18] José Vives, *Los Padres de la Iglesia* (1988), 252.
[19] *Tratado de los principios,* II.9.6, en Ropero, *Lo mejor de Orígenes,* 196.

objetivo de imitar a Dios. Pero también tenían libertad, y haciendo uso de su libertad, algunos de estos seres racionales que Dios había creado se "deterioraron", apartándose de la imitación de Dios. Pero no todos se apartaron en igual medida, y de ahí que haya una jerarquía de seres racionales:

> Todos los que doblan la rodilla ante el nombre de Jesús, haciendo saber así su sometimiento a Él; y estos son los que están en el cielo, en la tierra, y bajo la tierra; por lo cual se indican tres clases en todo el universo, a saber, aquellos que desde el principio fueron dispuestos, cada uno según la diversidad de su conducta entre las órdenes diferentes, conforme a sus acciones; porque no había allí ninguna bondad esencial en ellos, como hay en Dios, Cristo, y en el Espíritu Santo.[20]

Así que, con base en Filipenses 2:10, Orígenes propone una jerarquía de tres niveles, que González resume como: "Los seres celestiales, cuyos cuerpos son etéreos; los que hemos caído hasta este mundo, con nuestros cuerpos carnales; y los demonios, cuyos cuerpos son aún más bastos que los nuestros".[21]

Las ideas escatológicas de Orígenes, como contraparte de sus ideas sobre la creación, evidencian la misma influencia platónica.[22] Como apunta González:

> Se trata de una escatología puramente espiritualista, en la que todos los intelectos regresarán a su estado original de armonía y comunión con Dios. Pero aun esta restauración universal –o *apokatástasis*– no es final en el sentido estricto del término, pues después de este mundo habrá otros que se sucederán en una secuencia interminable. Puesto que los intelectos son libres, y seguirán siéndolo aun después de la consumación de este mundo, cabe esperar que lo que ha sucedido en este "siglo" o eón sucederá de nuevo, y entonces surgirá un nuevo mundo y

---

[20] Ibid., I.6.2, en Ibid., 114.
[21] González, *Historia del pensamiento cristiano*, 191.
[22] Ibid., 193.

un nuevo proceso de restauración.[23]

En su tratado *Contra Celso,* Orígenes defiende la idea de un sometimiento final de todos los seres racionales a Dios:

> Digamos siquiera unas palabras para hacer patente que no sólo es posible, sino verdadera también la tesis de que todo lo racional ha de convenir en una sola ley. Ahora bien, los estoicos afirman que, al predominar el más fuerte, según ellos, de los elementos, se dará la conflagración universal y todo se transformará en fuego. Nosotros, empero, afirmamos que el Logos dominará un día sobre toda la naturaleza racional y transformará a toda alma en su propia perfección; cuando cada uno, haciendo simplemente uso de su potestad, escoja lo que quiera y permanezca en lo que escogiere. Decimos además que, si en las enfermedades y heridas corporales las hay más fuertes que toda arte médica, no es verosímil que en las almas haya maldad alguna que no pueda ser curada por el Logos-Dios, que todo lo domina. Porque, como el Logos sea más poderoso que todos los males que aquejan al alma, y más poderosa también la virtud curativa que hay en El, aplícala a cada uno según la voluntad de Dios; y así el término y fin de todas las cosas es la destrucción de la maldad.[24]

También en su *Tratado de los principios* presenta esta misma idea:

> Por la destrucción del último enemigo no hay que entender que su sustancia, que fue creada por Dios, haya de desparecer; lo que desaparecerá será su mala intención y su actitud hostil, que son cosas que no tienen su origen en Dios, sino en sí mismo. Su destrucción significa, pues, no que dejará de existir, sino que

---

[23] Ibíd., 193. González toma estas ideas de Orígenes, *Tratado de los principios*, II.3.1, aunque no hay una cita textual. Además, se puede apreciar claramente la idea de Orígenes sobre múltiples mundos en *Tratado de los principios*, III.5.3, en Ropero, *Lo mejor de Orígenes*, 281-82.

[24] *Contra Celso,* VIII.72, en Daniel Ruiz Bueno, *Orígenes: Contra Celso* (1967), 581-82.

dejará de ser enemigo y de ser muerte. Nada es imposible a la omnipotencia divina; nada hay que no pueda ser sanado por su Creador. El Creador hizo todas las cosas para que existieran, y si las cosas fueron hechas para que existieran, no pueden dejar de existir.[25]

Al parecer, como observa Vives: "su preocupación por negar entidad verdaderamente independiente al mal hace que Orígenes no pueda considerarlo compatible con el dominio absoluto del bien".[26] De ahí que esta restauración final incluya a todo el mal, incluso Satanás y sus demonios como seres racionales que son. En este estado final para Orígenes ya no habrá diversidad, sino que en la consumación todos serán uno:

> Cuando el mundo requirió variedad y diversidad, la materia se ofreció con toda docilidad al Creador en todas las diversas apariencias y especies de cosas que su Señor y hacedor pudiera sacar de sus varias formas seres celestes y terrestres. Pero cuando las cosas han comenzado a apresurarse a aquella consumación en que pueden ser una, como el Padre es uno con el Hijo, puede entenderse como una inferencia racional, que donde todos son uno, no habrá más ninguna diversidad.[27]

De todo lo expuesto, es necesario resaltar que en Orígenes, tanto en su modo de interpretar el texto, como así también en sus ideas sobre la creación y la escatología, se evidencian las ideas que en este libro se asocian con el modelo de visión espiritual de la eternidad.

Ahora bien, si Orígenes levantó el modelo de visión espiritual a una posición dominante en el pensamiento cristiano, fue Agustín (354-430),[28] siendo ya obispo, el que con sus escritos afirmó el modelo.[29] Para González, "aparte del apóstol Pablo, ningún otro autor

---

[25] *Tratado de los principios*, III.6.5, en Ropero, *Lo mejor de Orígenes*, 293.

[26] Vives, *Los Padres de la Iglesia*, 252.

[27] Orígenes, *Tratado de los principios*, III.6.4, en Ropero, *Lo mejor de Orígenes*, 293.

[28] Una breve pero excelente biografía de Agustín puede verse en Alfonso Ropero, *Lo mejor de Agustín de Hipona* (2001), 1:23-36.

[29] Blaising, "Premilenialismo", en *Tres puntos de vista del milenio y el más allá*,

cristiano puede igualarse a Agustín en lo que se refiere a su influencia sobre el pensamiento de los siglos subsiguientes".[30] Además, "ningún cristiano después de Pablo había de tener una influencia tan amplia, tan profunda y tan prolongada, sobre el cristianismo de Europa Occidental, así como sobre aquellas formas de la fe que nacieron de él, como la que tuvo Agustín".[31]

En cuanto a la peregrinación ideológica de Agustín, debe decirse que "el carácter atractivo del neoplatonismo y del maniqueísmo como rivales del cristianismo, se demostró vívidamente en el peregrinaje espiritual de Agustín de Hipona."[32] Según Blaising:

> Él estaba desarrollando un interés en el neo-platonismo como una alternativa al gnosticismo de Maniqueo, cuando oyó la predicación de Ambrosio, un seguidor de Orígenes. Le ayudó a ver el cristianismo en una manera distinta, y se convirtió en cristiano. El modelo de la vida eterna de la visión espiritual que él contempló por medio de la interpretación espiritual fue, según creyó, confirmado en sus propias visiones místicas, típicas del neo-platonismo.[33]

Para Agustín, la "primera resurrección" que se menciona en Apocalipsis 20 debía ser interpretada, sobre la base del evangelio de Juan, como resurrección del alma, la cual era conseguida para el creyente por la muerte de Cristo. El "milenio", como número perfecto, debía ser interpretado entonces como la totalidad del tiempo

---

188. No se está afirmando aquí que el pensamiento de Agustín haya sido igual al de Orígenes. De hecho, fueron diferentes en muchos aspectos. Pero lo que se quiere señalar es la influencia de ambos en relación a la imposición de lo que aquí se llama modelo de visión espiritual. Se puede ver una descripción de las ideas de Agustín sobre la creación, las cuales difieren radicalmente de las de Orígenes, en Ropero, *Lo mejor de Agustín de Hipona*, 2:29.

[30] González, *Historia del pensamiento cristiano*, 353.
[31] Latourette, *Historia del Cristianismo*, 1:137.
[32] Ibíd., 1:136.
[33] Blaising, "Premilenialismo", en *Tres puntos de vista del milenio y el más allá*, 188. Para un interesante análisis del encuentro de Agustín con los neoplatónicos, y más concretamente con los escritos de Plotino, ver Ignacio Sanfurgo, "San Agustín, un neoplatonismo cristiano", 4 de diciembre de 2009, http://es.scribd.com/doc/74426931/San-Agustin-Un-Neoplatonismo-Cristiano (consultado 15 de abril de 2012).

de la Iglesia.³⁴ Como lo resume Luis Felipe Jiménez Jiménez, para Agustín:

> El reino milenario empezaba con Jesús y la primera resurrección consistía en que el hombre se entregara a su Salvador. El reino en que los justos resucitados reinaban con Cristo, no era ni más ni menos que la comunidad de la Iglesia de los creyentes, la ciudad de Dios terrenal. La segunda resurrección y el Juicio Final, no significaban nada para la historia de la humanidad, sino únicamente para las almas individuales – el reino de Dios en la tierra era, entonces, la Iglesia que se amplía.³⁵

Colocados los cimientos por Orígenes, y consolidados por Agustín, en la tradición patrística y medieval, los "sentidos espirituales" de la Escritura conformaron *toda* la teología.³⁶ De modo que en la Edad Media el modelo de visión espiritual se convirtió en un aspecto fijo y aceptado de la cosmovisión cristiana. En esta cosmovisión "la continuidad ontológica con la creación actual fue dejada a un lado, y tomaron mucha más relevancia los destinos gemelos del cielo y el infierno, además del posible destino intermedio del purgatorio".³⁷ Esto explica por qué fue posible que el modelo de visión espiritual quede intacto aun cuando Aquino y otros criticaron la práctica de interpretación espiritual en el siglo trece.³⁸ Según Wright, varios teólogos destacados del período medieval como Gregorio el Grande (540-604), Anselmo (1033-1109), y Bernardo,

---

³⁴ Claudio Pierantoni, "El fin del mundo en San Agustín", http://www.scielo.cl/scielo.php?pid=S0049-34492000000100005&script=sci_arttext (consultado el 2 de junio de 2012).

³⁵ Luis Felipe Jiménez Jiménez, "En futuro perfecto. El fin del tiempo en Agustín, los apocalípticos y los gnósticos", *Mirabilia* 11 (junio-diciembre 2010), http://www.revistamirabilia.com/nova/images/ numeros/2010_11/06.pdf (consultado el 4 de junio de 2012).

³⁶ Camille Dumont, "Tres dimensiones reencontradas: escatología, ortopraxis, hermenéutica" (abril-junio 1974): 91.

³⁷ Nicholas Thomas Wright, *Sorprendidos por la esperanza: repensando el cielo, la resurrección y la vida eterna*, 221.

³⁸ Blaising, "Premilenialismo", en *Tres puntos de vista del milenio y el más allá*, 189.

además de Aquino, defendieron la idea de la resurrección del cuerpo,[39] y en alguna medida la vida en una nueva tierra. Sin embargo, cuando las ideas sobre un estado final aquí sobre la tierra fueron propuestas, "el modelo de visión espiritual, seguro en la racionalidad de la cultura cristiana, controló la observación. El estado final de bendición en aquella nueva creación solamente podría ser contemplativo".[40]

Luego la Reforma protestante trajo consigo un desafío sistemático al consenso cristiano del medioevo.[41] Como afirma Blaising: "Aunque los reformadores mismos no desafiaron directamente el modelo de la visión espiritual, sin embargo, ellos soltaron corrientes poderosas de pensamiento que llevaron a... la reaparición de escatología de la nueva creación".[42] A través de otros sucesos que se describen en el capítulo siguiente, el modelo de nueva creación fue adquiriendo más peso, y el de visión espiritual sufrió leves variaciones, según la influencia filosófica predomínate del período, pero no se modificó de manera significativa en el núcleo de lo que Orígenes y Agustín presentaron. De manera que aún al presente, el modelo de visión espiritual goza de buena salud entre una gran parte del cristianismo del siglo veintiuno. A continuación se muestran los principales pasajes bíblicos que se utilizan para apoyar el modelo de visión espiritual de la vida eterna.

3. Pasajes bíblicos que apoyan el modelo

Básicamente, "el modelo de la visión espiritual de eternidad enfatiza textos bíblicos que prometen que los creyentes verán a Dios o recibirán conocimiento completo en el estado futuro de bendición".[43] De manera especial, se destacan los pasajes donde los primeros cristianos contemplaron el estado espiritual, perfecto y eterno que seguiría a la segunda venida de su Señor, en contraste con

---

[39] Wright, *Sorprendidos por la esperanza*, 221.
[40] Blaising, "Premilenialismo", en *Tres puntos de vista del milenio y el más allá*, 189.
[41] Ibíd., 195.
[42] Ibíd., 194-95.
[43] Ibíd., 179.

el estado material, imperfecto y temporal que vivían hasta ese momento.[44] En el modelo de visión espiritual, "la vida cristiana es referida en términos de su orientación celestial, y añade que la descripción bíblica del cielo es la morada de Dios, la posición presente de Cristo sobre el trono, y el destino de los muertos en Cristo antes de la resurrección".[45]

En cuanto a los pasajes que hablan que los creyentes verán a Dios o recibirán conocimiento completo en el estado de bendición futuro, dos son los textos principales.[46] El primero es 1 Juan 3:2: "Queridos hermanos, ahora somos hijos de Dios, pero todavía no se ha manifestado lo que habremos de ser. Sabemos, sin embargo, que cuando Cristo venga seremos semejantes a él, porque lo veremos tal como él es".[47] En este pasaje, como indica Pozo: "No hay duda alguna del sentido escatológico del texto, que está indicado en la oposición entre el estado actual ("ahora –ya ahora– somos hijos de Dios") y otro estado futuro (*"todavía no* se ha manifestado lo que habremos de ser")".[48] El segundo texto es 1 Corintios 13:12: "Ahora vemos de manera indirecta y velada, como en un espejo; pero entonces veremos cara a cara. Ahora conozco de manera imperfecta, pero entonces conoceré tal y como soy conocido". Este texto tiene también un evidente sentido escatológico, evidenciado en la oposición repetida, dos veces, entre ahora y entonces.[49]

Adicionalmente, son varios los pasajes en los que se hace referencia al cielo como la morada de Dios. Algunos de ellos son: 1 Reyes 8:30, 32, 34, 36, 39, 43, 45, 49; 22:19; 2 Crónicas 6:21, 23, 25, 27, 30, 33, 35, 39; 7:14; 20:6; 36:23; Esdras 1:2, 5:12; 6:9,10; 7:12, 21, 23; Nehemías 1:4,5; 2:4, 20; Salmo 2:4; 11:4; 14:2; 20:6; 33:13; 53:2; 73:25; 103:19; 115:3, 136:26; Eclesiastés 5:2; Isaías 63:15; 66:1; Lamentaciones 3:41,50; Daniel 2:18,19; 2:28, 37, 44; 4:37; 5:23, Amós 9:6; Jonás 1:9; Mateo 5:16, 45; 6:1, 9; 7:11, 21; 10:32,

---

[44] Archibald Hughes, *A New Heaven and a New Earth: An Introductory Study of the Coming of the Lord Jesus Christ and thee Eternal Inheritance* (1958), 27.

[45] Blaising, "Premilenialismo", en *Tres puntos de vista del milenio y el más allá*, 180.

[46] Cándido Pozo, *Teología del más allá*, 385.

[47] A menos que se indique lo contrario, todas las citas bíblicas son tomadas de la *Santa Biblia,* Nueva Versión Internacional (1999).

[48] Pozo, *Teología del más allá*, 385-86.

[49] Ibíd., 388.

33; 12:50; 16:17; 18:14, 19; 23:9; Marcos 11:25, 26; Hechos 7:49; Romanos 1:18; Efesios 6:9; Colosenses 4:1; Hebreos 12:25. También varios son los pasajes que hacen referencia a Cristo en su posición presente en el cielo sobre el trono, entre los que se destacan: Marcos 16:19; Lucas 24:51; Hechos 3:21; 7:56; Efesios 4:10; Colosenses 3:1-2; Hebreos 4:14; 8:1; 9:24; 1 Pedro 3:22. Además pueden mencionarse pasajes donde se dice que Jesús vendrá desde el cielo en el futuro, tales como: Hechos 1:11; Filipenses 3:20; 1 Tesalonicenses 1:10; 4:16; 2 Tesalonicenses 1:7.

Entre los pasajes donde se menciona al cielo como el destino antes de la resurrección, se destacan Lucas 23:43 y Filipenses 1:23-24. También, no son pocos los pasajes que hacen referencia a que la herencia del creyente está en el cielo. En este sentido, deben mencionarse: Mateo 5:12; Lucas 10:20; Juan 14:2; 2 Corintios 5:1; Colosenses 1:5; 1 Pedro 1:3-5. Incluso se tienen exhortaciones de Jesús a hacer tesoros en el cielo: Mateo 6:20; 19:21; Marcos 10:21; Lucas 12:33; 18:22. Pablo también anima a los colosenses a "buscar las cosas de arriba", en Colosenses 3:1-2.

A los fines de esta investigación, cuatro son los pasajes que se destacan, y que en el capítulo tres se analizan exegéticamente. El primer pasaje es Juan 14:2: "En el hogar de mi Padre hay muchas viviendas; si no fuera así, ya se lo habría dicho a ustedes. Voy a prepararles un lugar". Una posible interpretación de este pasaje es que los muertos (o, al menos, los muertos cristianos) irán al "cielo" permanentemente, sin mencionar que luego serán resucitados para una nueva vida corporal.[50] El segundo pasaje es 2 Corintios 5:1: "De hecho, sabemos que si esta tienda de campaña en que vivimos se deshace, tenemos de Dios un edificio, una casa eterna en el cielo, no construida por manos humanas". A primera vista, este pasaje parece revelar un futuro del creyente en el cielo, en una casa eterna que no es de manufactura humana, lo cual pueda llevar a pensar que incluso no es material. El tercer pasaje es 1 Tesalonicenses 4:17: "Luego los que estemos vivos, los que hayamos quedado, seremos arrebatados junto con ellos en las nubes para encontrarnos con el Señor en el aire. Y así estaremos con el Señor para siempre". Este es un pasaje importante en la escatología, ya que es el fundamento de la teoría del

---

[50] Wright, *Sorprendidos por la esperanza*, 212.

"arrebatamiento".[51] Pero lo que interesa resaltar aquí es que el pasaje parece indicar que el estar con el Señor del creyente "para siempre", no será en la tierra. El cuarto pasaje, es 1 Pedro 1:3-5:

> ¡Alabado sea Dios, Padre de nuestro Señor Jesucristo! Por su gran misericordia, nos ha hecho nacer de nuevo mediante la resurrección de Jesucristo, para que tengamos una esperanza viva y recibamos una herencia indestructible, incontaminada e inmarchitable. Tal herencia está reservada en el cielo para ustedes, a quienes el poder de Dios protege mediante la fe hasta que llegue la salvación que se ha de revelar en los últimos tiempos.

Sin duda, este último pasaje es clave en el modelo de visión espiritual, ya que parece afirmar que la herencia del creyente está en el cielo. Esta herencia está reservada y espera hacerse efectiva en los últimos tiempos.

4. Presupuestos teológicos y filosóficos detrás del modelo

Con la historia del modelo de visión espiritual en mente, y los pasajes bíblicos que apoyan ese modelo, se analizan a continuación los presupuestos teológicos y filosóficos detrás del modelo. Es importante aclarar en este punto que, el hecho que conceptos filosóficos influencien un modelo en particular no es malo en sí, incluso se puede afirmar que es inevitable, de manera que lo que se pretende hacer por el momento no es evaluar la validez o no de esos conceptos, sino solamente presentar un panorama de los distintos presupuestos teológicos y filosóficos detrás del modelo de visión

---

[51] Esta es una teoría muy importante en la escatología premilenarista. Aunque se discute si este arrebatamiento se dará antes, durante o después de lo que se conoce como el periodo de tribulación, de siete años, antes de la segunda venida de Cristo; el concepto está muy arraigado en el imaginario evangélico de Norteamérica y Latinoamérica. Incluso, existe una página web donde se detallan acontecimientos mundiales que apunten a la cercanía de este acontecimiento. Ver El Arrebatamiento, http:// www.elarrebatamiento.com (consultado el 28 de mayo de 2012).

espiritual.⁵²

En primer lugar, debe decirse que en el modelo de visión espiritual, como lo destaca Blaising:

> El cielo es el destino de las personas salvas, quienes existirán en aquel lugar espiritual, apartado de lo terrenal, como seres espirituales ocupados eternamente en actividades espirituales. La perfección del cielo en el modelo de la visión espiritual quiere decir que allá no hay ningún cambio. Esta invariabilidad es un contraste con la vida terrenal. Mientras que la existencia sin cambio significa la ausencia de muerte y corrupción, también significa la ausencia de desarrollo y crecimiento.⁵³

La ausencia de cambio en la eternidad es tanto un presupuesto teológico como filosófico del modelo de visión espiritual. Es teológico por cuanto supone que éste será el ideal de vida de las personas redimidas, las cuales ya no se encuentran sometidas a muerte y corrupción, sino a una existencia gozosa continua. Es filosófico debido a que este presupuesto implica que la historia y el tiempo habrán llegado a su fin. James Strong parece ir en esta misma dirección cuando describe la vida futura:

> La permanencia inalterable de ese estado bienaventurado es el rasgo principal de ese futuro previsto; todos los elementos de mutación y decaimiento habrán desaparecido, y las nociones de tiempo mismo serán borradas. Cada propósito de creación efectuada, cada ambición realizada, cada fin consumado, nada existirá para romper el flujo de existencia gozosa.⁵⁴

---

⁵² Para una evaluación de estos conceptos, ver el capítulo 4.

⁵³ Blaising, "Premilenialismo", en *Tres puntos de vista del milenio y el más allá*, 180. Esta ausencia de cambio en el estado final puede verse ya en las ideas de Orígenes, por ejemplo en el *Tratado de los principios*, III.6.9, en Ropero, *Lo mejor de Orígenes*, 297.

⁵⁴ James Strong, *The Doctrine of a Future Life: From a Scriptural, Philosophical, and Scientific Point of View* (1981), 87. Aunque Strong a continuación del párrafo citado reconoce que el estado bienaventurado no será un nivel monótono, que no admite progreso; no es claro luego de semejante descripción, en qué manera se podría dar el progreso en tal estado inalterable.

En segundo lugar, es importante recalcar que en el modelo de visión espiritual, lo más importante en el cielo será la visión de Dios. Este es su principal presupuesto teológico. Juan José Tamayo Acosta apunta en relación a la visión de Dios:

> En esto consiste la felicidad esencial, teológicamente hablando, como se han encargado de mostrar la reflexión cristiana y la mística de manera permanente. Ese era el anhelo de todo israelita. La visión de Dios se traduce en convivencia con Dios, comunidad beatificante con él, participación en su vida, comunión en su ser, gozar de su intimidad, compartir su vida, y que desemboca en la divinización del ser humano. La visión de Dios significa entrar en un clima de relaciones familiares.[55]

Como la visión de Dios es el elemento más importante de la vida eterna, esto puede llevar a que algunos entiendan esa vida eterna como principalmente cognitiva, meditativa, o contemplativa.[56] Para éstos el acento está en el conocimiento, la vida eterna es un estado de conocimiento. ¿Conociendo qué? Claro está que conociendo a Dios, lo cual se hará en una manera perfecta, una manera sin cambio.[57]

En tercer lugar, como presupuesto filosófico, se evidencia en el modelo de visión espiritual la influencia de la filosofía platónica. Según Wright, "la línea platónica se incorporó al pensamiento cristiano desde una etapa muy temprana y en sus conclusiones más radicales produjo el fenómeno que se conoce como gnosticismo".[58] De acuerdo a Blaising, "la tradición de Platón habla del conocimiento espiritual como una visión directa, plena, e irrompible del verdadero Ser, absolutamente bueno, insuperablemente bello".[59] Las ideas de Platón han tenido una gran influencia en la historia del mundo

---

[55] Juan José Tamayo Acosta, *Para comprender la escatología cristiana* (1993), 226.

[56] Blaising, "Premilenialismo", en *Tres puntos de vista del milenio y el más allá*, 180.

[57] Ibíd, 181.

[58] Wright, *Sorprendidos por la esperanza*, 135. Quizás sea necesario aclarar aquí que el gnosticismo no es un producto directo del platonismo, pero sí están relacionados, ya que tienen en común el dualismo, tan característico de ambos.

[59] Blaising, "Premilenialismo", en *Tres puntos de vista del milenio y el más allá*, 181.

occidental, y de manera especial en el cristianismo, a través de Agustín. Como observa Theodor Gomperz:

> En el espíritu de san Agustín, el genio de la auto-observación y del ahondamiento interior, había fusionados elementos cristianos y platónicos. Se ha calificado de primer hombre moderno al autor de las *Confesiones*... Insondable es lo profundo de su influencia en el mundo posterior. La Iglesia Católica lo cuenta entre sus más eminentes organizadores; pero también recibieron persistente influencia de san Agustín y de su doctrina de la predestinación la forma del protestantismo, que revolvió a fondo las almas de los hombres como con hondo arado: la fe de Calvino. Como se apoya en los hechos de la autoconciencia como fundamento de todo conocimiento –con lo cual demuestra sobre todo su condición de pensador vigoroso, orientado por el platonismo–, es el precursor de Descartes, el creador de la filosofía moderna.[60]

Aristóteles, el discípulo de Platón, quien sin duda conoció muy bien la doctrina de su maestro, afirma que Platón:

> Habiéndose familiarizado desde joven con Cratilo y con las opiniones de Heráclito, según las cuales todas las cosas sensibles fluyen siempre y no hay ciencia acerca de ellas, sostuvo esta doctrina también más tarde. Por otra parte, ocupándose Sócrates de los problemas morales y no de la Naturaleza en su conjunto, pero buscando en ellos lo universal, y habiendo sido el primero que aplicó el pensamiento a las definiciones, [Platón] aceptó sus enseñanzas, pero por aquel motivo pensó que esto se producía en otras cosas, y no en las sensibles; pues le parecía imposible que la definición común fuese de alguna de las cosas sensibles, al menos de las sujetas a perpetuo cambio. Éste, pues, llamó a tales entes Ideas, añadiendo que las cosas sensibles están fuera de éstas, pero según éstas se denominan todas; pues por participación tienen las cosas que son muchas el mismo nombre que las Especies.[61]

---

[60] Theodor Gomperz, *Pensadores griegos: Una historia de la filosofía de la antigüedad* (2000), 2:683.
[61] Aristóteles, *Metafísica*, 9, http://biblio3.url.edu.gt/Libros/mfis.pdf

Se tiene entonces en Platón dos ámbitos o realidades completamente distintas. Por un lado, el conjunto de las cosas sensibles, las cuales pertenecen a este mundo espacio-temporal, y que son mutables y perecederas; y por otro lado el conjunto de Ideas, entidades no espaciales ni temporales, las cuales pertenecen al mundo invisible, y que son eternas e inmutables. Quizás el mejor ejemplo de cómo pensaba Platón en relación a esto sea la alegoría de la caverna, que se encuentra en *La República*, el libro más conocido de Platón:

> Imagina una especie de cavernosa vivienda subterránea provista de una larga entrada, abierta a la luz, que se extiende a lo ancho de toda la caverna y unos hombres que están en ella desde niños, atados por las piernas y el cuello de modo que tengan que estarse quietos y mirar únicamente hacia adelante, pues las ligaduras les impiden volver la cabeza; detrás de ellos, la luz de un fuego que arde algo lejos y en plano superior, y entre el fuego y los encadenados, un camino situado en alto; y a lo largo del camino suponte que ha sido construido un tabiquillo parecido a las mamparas que se alzan entre los titiriteros y el público, por encima de las cuales exhiben aquéllos sus maravillas.
> -Ya lo veo -dijo.
> -Pues bien, contempla ahora, a lo largo de esa paredilla, unos hombres que transportan toda clase de objetos cuya altura sobrepasa la de la pared, y estatuas de hombres o animales hechas de piedra y de madera y de toda clase de materias; entre estos portadores habrá, como es natural, unos que vayan hablando y otros que estén callados.
> -Qué extraña escena describes -dijo- y qué extraños pioneros
> -Iguales que nosotros -dije-, porque, en primer lugar ¿crees que los que están así han visto otra cosa de sí mismos o de sus compañeros sino las sombras proyectadas por el fuego sobre la parte de la caverna que está frente a ellos?
> -¿Cómo -dijo-, si durante toda su vida han sido obligados a mantener inmóviles las cabezas?
> -¿Y de los objetos transportados? ¿No habrán visto lo mismo?

(consultado el 24 de julio de 2012).

-¿Qué otra cosa van a ver?
-Y, si pudieran hablar los unos con los otros, ¿no piensas que creerían estar refiriéndose a aquellas sombras que veían pasar ante ellos? Forzosamente.
-¿Y si la prisión tuviese un eco que viniera de la parte de enfrente? ¿Piensas que, cada vez que hablara alguno de los que pasaban, creerían ellos que lo que hablaba era otra cosa sino la sombra que veían pasar?
-No, ¡por Zeus! -dijo.
-Entonces no hay duda -dije yo- de que los tales no tendrán por real ninguna otra cosa más que las sombras de los objetos fabricados.[62]

Con esta alegoría, Platón intentaba mostrar que, como lo resume muy bien Wright:

> El mundo actual del espacio, el tiempo y la materia es un mundo de ilusión, de sombras que vemos bailar en una cueva y la tarea humana más pertinente es la de ponerse en contacto con la verdadera realidad, aquella que está más allá del espacio, del tiempo y de la materia.[63]

Las ideas de la filosofía platónica se corresponden con lo que se conoce como "dualismo". Al respecto, Cándido Pozo sostiene que:

> El dualismo implica una antropología en la que el cuerpo es extrínseco al alma. La situación de unión de cuerpo y alma se considera depresiva, mientras que el ideal se coloca en la liberación del alma con respecto al cuerpo. Una vez obtenido ese ideal, carecería de sentido anhelar la consumación en una nueva unión del alma con el cuerpo. Ello implicaría, más bien, un proceso claramente regresivo.[64]

---

[62] Platón, *La República* (2006), VII.I, http://www.laeditorialvirtual.com.ar/pages/Platon/ LaRepublica_07.html (consultado el 24 de julio de 2012).
[63] Wright, *Sorprendidos por la esperanza*, 134-35.
[64] Pozo, *Teología del más allá*, 187-88.

Gomperz también muestra lo marcado del dualismo en Platón:

> A la gran brillantez de las ideas se opone la inferioridad de los distintos objetos, a la realidad de lo sobrenatural la irrealidad de la naturaleza, a la bondad infinita de Dios una fuerza sorda que obstaculiza su poder, así como el alma, originada en el seno de los dioses, está encadenada al cuerpo, que enturbia al mismo tiempo su conocimiento puro y su felicidad, y que la encierra como la cárcel a un prisionero, hasta podría decirse como la tumba al muerto.[65]

En los escritos de Platón, este dualismo se ve una y otra vez. Por ejemplo, en su texto *Fedón, o de la inmortalidad del alma*, el filósofo expresa en forma de diálogo sus ideas sobre la existencia previa al cuerpo del alma, y sobre la necesidad que ésta tiene de librarse de aquél para encontrar la verdad:

> Lo que dices, Sócrates, le interrumpió Cebes, es, además, una deducción necesaria de otro principio que con frecuencia te he oído establecer: que nuestra ciencia no es más que reminiscencia. Si este principio es exacto, es absolutamente indispensable que hayamos aprendido en otro tiempo las cosas de que nos acordamos en éste, lo que es imposible si nuestra alma no existe antes de venir bajo esta forma humana. Es una nueva prueba de la inmortalidad de nuestra alma.[66]
> ¿Cuándo, pues, encuentra el alma la verdad? Porque cuando la busca con el cuerpo vemos claramente que este la engaña e induce al error.
> Es cierto.
> ¿No te parece que por el razonamiento llega el alma principalmente a conocer la verdad?
> Sí.
> ¿Y no razona mejor que nunca cuando no está influida por la vista ni por el oído, ni por el dolor, ni por la voluptuosidad, y encerrada en sí misma prescinde del cuerpo y no tiene con él

---

[65] Gomperz, *Pensadores griegos*, 2:417.
[66] Platón, "Fedón, o de la imortalidad del alma", en *Diálogos* (1976), 57.

relación alguna, en tanto que es posible, y se aferra a lo que es para conocerla?
Lo has dicho perfectamente.[67]

De forma sucinta, Blaising presenta un resumen de las tres maneras básicas en que las ideas filosóficas de Platón han colaborado al modelo de visión espiritual: "(1) un contraste fundamental entre espíritu y materia; (2) una identificación de espíritu con mente o intelecto; y (3) una creencia que la perfección eterna involucra la ausencia de cambio".[68] Además, en el centro de estos tres conceptos se encuentra la idea de una jerarquía ontológica, donde el espíritu está en la cima de la escala, y la materia elemental se encuentra en el puesto más bajo.[69]

En cuarto lugar, es necesario observar que el modelo de visión espiritual está íntimamente relacionado con el uso de la "interpretación espiritual",[70] que popularizó Orígenes y que estuvieron presentes en Agustín y en otros después de ellos. Blaising opina que, con el transcurrir de los siglos:

> esta práctica de leer las Escrituras de esta manera condicionó la mente del cristiano a tal grado que en la Edad Media, el modelo de la visión espiritual fue aceptado como un hecho básico de la cosmovisión cristiana. No fue necesaria la justificación hermenéutica. Las personas racionales (y aun las irracionales) sencillamente *sabían* que la salvación última fue esencialmente la visión beatífica.[71]

Como corolario, el modelo de visión espiritual condicionó el entendimiento sobre lo que significa que un cristiano sea salvo. Como observa Wright:

> Gran parte de la tradición cristiana y subcristiana se ha basado

---

[67] Ibíd., 47-48.
[68] Blaising, "Premilenialismo", en *Tres puntos de vista del milenio y el más allá*, 180.
[69] Ibíd.
[70] Ibíd., 185.
[71] Ibíd.

en el supuesto de que, en realidad, cada uno de nosotros tiene un "alma" que requiere ser "salvada", y que si "se salva" esa "alma", entonces será la "parte" que "irá al cielo al momento de nuestra muerte".[72]

En la actualidad, es posible que muchos cristianos piensen que todos los pasajes del Nuevo Testamento que hablan del "cielo", están haciendo referencia al lugar al que irán después de su muerte todos aquellos que se han salvado.[73] Adicionalmente, en muchos cristianos alrededor del mundo está presente la idea que en la visión cristiana el más allá se entiende como la desaparición final del presente orden y una vida que es meramente "espiritual", lo cual significa que es totalmente no material.[74] Al parecer a eso se resume ahora la percepción popular (dentro y fuera de la Iglesia), de lo que en teoría los cristianos deben creer cuando hablan del "cielo" y cuando se refieren a la esperanza en Cristo.[75] De hecho, como observa Wright, cuando se utiliza la palabra "salvación", la mayoría de cristianos occidentales piensan que se está hablando de "ir al cielo cuando uno se muere".[76] Esta es la influencia que todavía goza el modelo de visión espiritual, y por lo que es tan importante comprenderlo a cabalidad.

5. Conclusión

Luego de haber considerado la historia del modelo de visión espiritual, como así también los pasajes que sustentan dicho modelo, y los presupuestos teológicos y filosóficos detrás del modelo; se espera que el lector tenga un panorama comprensivo sobre lo que enseña el modelo de visión espiritual. Con este panorama en mente, se podrá comparar y contrastar este modelo, con el otro gran modelo que existe sobre la eternidad, y que se conoce como modelo de nueva creación. El próximo capítulo se encarga de delinear dicho modelo.

---

[72] Wright, *Sorprendidos por la esperanza*, 66.
[73] Ibíd., 49.
[74] Ibíd., 138.
[75] Ibíd.
[76] Ibíd., 264.

CAPÍTULO II

MODELO DE "NUEVA CREACIÓN"

1. Introducción

Así como en el capítulo anterior se intentó delinear el modelo de visión espiritual, en este se busca hacer lo mismo, pero con la contraparte del modelo anterior, que es, a saber, el modelo de nueva creación. Para lograr ese objetivo se va a seguir la misma metodología.

Se presenta una primera sección, donde se muestran cómo las ideas pertenecientes a este modelo estuvieron presentes en la iglesia primitiva, cómo se acallaron por un tiempo, y cómo resurgieron en la época moderna. Claro se presentan también quiénes fueron los principales propulsores de esas ideas.

Luego se tiene una sección bíblica, donde se mencionan y comentan brevemente los pasajes bíblicos utilizados para fundamentar el modelo, y la manera en que fueron interpretados. Finalmente, se cuenta con un sección donde se exponen los distintos presupuestos teológicos y filosóficos detrás de las ideas pertenecientes al modelo de nueva creación, y se muestra cómo estos presupuestos afectaron la hermenéutica que se utilizó al interpretar los textos que sustentan el modelo.

2. Historia del modelo

El modelo de nueva creación fue el predominante durante los dos primeros siglos de la historia del cristianismo. Según Craig Blaising: "Ideas que hemos asociado con el modelo de la nueva creación se encuentran en el judaísmo apocalíptico y rabínico y en escritos de escritores cristianos del segundo siglo como Ireneo".[1] Es cierto que de manera ocasional estas ideas aparecen en el pensamiento cristiano después del tercer siglo, pero realmente no se les dio una atención general sino hasta la época moderna cuando los pensadores cristianos comenzaron a ver que las ideas del modelo de nueva creación eran bíblicas y dignas de afirmación teológica.[2]

Central al modelo de nueva creación está la idea de una resurrección corporal futura para habitar en una nueva tierra. En cuanto al ámbito inicial del cristianismo, y en relación a los grupos judíos-cristianos que surgieron, Brian Daley comenta:

> Muy poco se conoce con certeza acerca de la teología y las prácticas religiosas de los "Judíos Cristianos" en el sentido estricto. El término indudablemente cubre una variedad de grupos, la mayoría de los cuales parece haber tenido una existencia espectral, cada vez más marginal en Palestina, Siria, Mesopotamia u occidente de Asia Menor en los primeros cuatro siglos de nuestra era. Aunque ellos reconocían a Jesús como el Mesías, estas comunidades parecen haber continuado observando la dieta y la práctica ritual judías, cultivando buenas relaciones con sus compañeros judíos fieles, y promoviendo una cristología adopcionista... Su esperanza escatológica parece haberse enfocado en el retorno de Cristo en gloria y la resurrección de todo de la muerte y el fin de la historia, el cual ellos creyeron que era inminente.[3]

---

[1] Craig Blaising, "Premilenialismo", en Darrel Bock, ed., *Tres puntos de vista del milenio y el más allá*, 183. Como se verá más adelante en este capítulo, el modelo de nueva creación, a diferencia del de visión espiritual, tiene una expectativa más "terrena" del futuro, y en ese sentido se aproxima más a las ideas que circulaban en el judaísmo rabínico y apocalíptico de los dos primeros siglos después de Cristo.

[2] Ibíd.

[3] Brian Daley, *The Hope of the Early Church: A Handbook of Patristic*

Como se puede observar de la cita de Daley, desde sus mismos inicios, se incorporó como parte de la esperanza cristiana la resurrección del cuerpo. Este nuevo cuerpo, *sería* uno en el sentido de materia que ocupa espacio y tiempo, pero a la vez *transformado*, es decir, un cuerpo cuya materia, que vendría del material del antiguo, tendría propiedades nuevas.[4] Por ejemplo, el pagano doctor Galeno (129-216 d.C.),[5] resaltó la creencia en la resurrección corporal como uno de los dos aspectos centrales que destacaban a los cristianos de su época (el otro era su compostura sexual, digna de mención).[6] Wright opina que:

> Apenas a fines del segundo siglo, transcurridos ya ciento cincuenta años desde los tiempos de Jesús, la gente empezó a utilizar la palabra "resurrección" para referirse a algo bastante diferente de aquello que significaba en el judaísmo y en el cristianismo primitivo; en otras palabras una "experiencia espiritual" en el presente que lleva a una esperanza incorpórea en el futuro. Durante casi todos los dos primeros siglos, la resurrección, en el sentido tradicional, no solo ocupa el lugar central en el escenario, sino la totalidad del mismo.[7]

Vale la pena destacar que, fuera del reducido cuerpo de escritos gnósticos, los primeros Padres, al menos hasta la época de Orígenes, insistieron en la resurrección corporal futura. Entre ellos se pueden mencionar a Ignacio de Antioquía, Justino Mártir, Atenágoras, Ireneo y Tertuliano.[8] Específicamente en el caso de Tertuliano[9] se pueden

---

Eschatology (1991), 5-6.

[4] Nicholas Thomas Wright, *Sorprendidos por la esperanza: repensando el cielo, la resurrección y la vida eterna*, 84-85.

[5] Nació en Pérgamo, actual Turquía. Médico y filósofo griego. Educado como hombre de letras, fue médico de los emperadores Marco Aurelio, Cómodo y Septimio Severo, antes de volver de nuevo a Pérgamo, donde murió en el 216. Biografías y Vida, "Galeno", http://www.biografiasyvidas.com/biografia/g/galeno.htm (consultado el 31 de mayo de 2012).

[6] Wright, *Sorprendidos por la esperanza*, 84.

[7] Ibíd., 83-84.

[8] Ibíd., 220.

[9] "Tertuliano habla de las características del estado futuro de resurrección: la ausencia de nupcias, la inmortalidad y la incorrupción. Ahora bien, este *cambio* no

encontrar preguntas relacionadas a lo que significaba esa resurrección corporal.[10]

Durante el siglo II, hubo varios cristianos que trataron de rebatir las diversas doctrinas que desafiaban el mensaje cristiano. Según González, "el primer autor antiherético cuyas obras han llegado hasta el presente es Ireneo de Lyon".[11] Ireneo nació entre el 126 y 136 d.C. en Asia Menor, y quizás en Esmirna, dada la familiaridad con Policarpo, quien fue obispo y mártir de esa ciudad.[12] La cultura y estudios seculares de Ireneo se pueden ver en sus citas de autores clásicos y de filósofos, pero lo que más resalta en él es su conocimiento bíblico.[13] En cuanto a la producción literaria, Eusebio menciona un buen número de obras escritas por Ireneo, de las cuales solo se han conservado dos.[14]

En cuanto a la teología, Ireneo es el primero que conecta la creación con la redención, además de darle una orientación cristológica.[15] También, "Ireneo entiende la visión de Dios, o estado de beatitud eterna, de modo dinámico, progresivo, no estático, es la meta hacia la que tiende el hombre".[16] Por ejemplo, comentando los pasajes de Isaías 11:6-9 y 65:25, donde en el contexto de la nueva creación se hace referencia a los animales, Ireneo afirma:

> No ignoro que algunos tratan de aplicar estos textos de manera metafórica a los hombres salvajes, que... han abrazado la fe y,

---

implica la pérdida de la *sustancia* humana en beneficio de una *sustancia* angélica, sino solo la adquisición de las propiedades del ángel. Las palabras de Mateo 22:30 son adoptadas como argumento de autoridad: los hombres serán *como* ángeles, pero no ángeles. Mucho debe Tertuliano a las líneas de Ireneo, para quien el ser "como ángeles" equivale a entrar en un régimen ajeno a la generación y corrupción". Roberto López Montero, "La expresión *demutati in angelicam substantiam* y sus implicaciones escatológicas en Tertuliano" (septiembre-diciembre 2009): 507.

[10] Wright, *Sorprendidos por la esperanza*, 220.
[11] Justo L. González, *Historia del pensamiento cristiano*, 143.
[12] Alfonso Ropero, *Lo mejor de Ireneo de Lyon* (2003), 21.
[13] Ibíd., 22.
[14] Ibíd., 24. "La primera, escrita hacia el año 180, ha sobrevivido en una traducción latina muy literal, conocida como *Adversus Haereses* (Contra las Herejías/Herejes)... De la segunda obra, *Epídeixis* o *Demostración*, se ha conservado entera solo una traducción armenia, de los años 575 a 580".
[15] Ibíd., 41.
[16] Ibíd., 40.

después de creer, viven en buena armonía con los justos. Pero aunque esto tiene lugar ahora sólo para algunos hombres..., tendrá lugar entonces en la resurrección de los justos para estos animales, tal como se ha dicho; porque Dios es rico en todos los bienes, y es preciso, cuando el mundo haya sido restablecido en su primer estado, todas las bestias salvajes obedezcan al hombre y le estén sometidas, tal como estaban sometidas a Adán antes de su desobediencia, y vuelvan al primer alimento dado por Dios, que consistía en frutos de la tierra.[17]

Esta cita da una pista de la manera en que Ireneo se acercó al texto bíblico. Su modo de interpretar la Escritura fue mucho más literal que la mayoría de los escritores posteriores al siglo II. En concordancia con su acercamiento al texto sagrado, Ireneo defiende una resurrección corporal y un reino futuro. Según él, "hay quienes se dejan llevar por los discursos erróneos de los herejes hasta el punto de desconocer las 'economías' de Dios y el misterio de la resurrección de los justos y del reino".[18] En cuanto a la resurrección del cuerpo, Ireneo nota que "si Dios es capaz de dar la vida a la obra modelada por él y si la carne es capaz de recibir esa vida ¿qué es lo que impide que la carne tenga parte en la incorruptibilidad, que no es otra cosa que una vida larga y sin fin otorgada por Dios?".[19] Adicionalmente, para Ireneo existe una continuidad (y a la vez una discontinuidad) entre el cuerpo presente y el futuro: "¿Qué cosa más vil que una carne muerta? En cambio ¿qué cosa más gloriosa que esa misma carne una vez resucitada y con la incorrupción?".[20]

En relación al tema del reino, Ireneo ve un reino terreno posterior a la resurrección: "es necesario también declarar a este respecto que en primer lugar los justos deben recibir la heredad prometida por Dios a los padres y reinar en ella en este mundo renovado, después de resucitar a continuación de la aparición del Señor".[21] Luego afirma: "es preciso, por lo tanto, que el mundo

---

[17] Ireneo, *Contra las herejías*, V.33.4, en Ropero, *Lo mejor de Ireneo de Lyon*, 645.
[18] Ibíd., V.32.1, en Ibíd., 640.
[19] Ibíd., V.3.3, en Ibíd., 561
[20] Ibíd., V.7.2, en Ibíd., 570
[21] Ibíd., V.32.1, en Ibíd., 640.

mismo, restaurado en su primitivo estado, esté sin ningún obstáculo al servicio de los justos.[22]

Es de destacar que los teólogos medievales de las principales corrientes tradicionales, como Tomás y Bernardo, también destacaron el tema de la resurrección corporal.[23] Como comenta Wright:

> Gregorio el Grande (540-604) fue uno de los que enseñó que el alma del cristiano muerto disfruta de una visión beatífica mientras espera la resurrección de su cuerpo. A su vez, Anselmo (1033-1109) resaltó que nuestros cuerpos de resurrección trascenderán a los cuerpos actuales para convertirse en un nuevo tipo de ser. Los teólogos victorinos, que sucedieron a Hugo de San Víctor (quien murió en 1142), enseñaban que el cuerpo de la resurrección sería idéntico al cuerpo terrenal, aunque transfigurado.[24]

Sin embargo, a pesar de que estos autores apoyaron una resurrección corporal futura, y algunos de ellos hablaron de un reino futuro en una nueva tierra, la cultura cristiana de la época siguió las ideas de Orígenes, Agustín y otros, inclinándose por un modelo de visión espiritual de la eternidad. De esta manera la continuidad ontológica con la creación actual fue abandonada, hasta la época moderna, donde esas ideas volvieron a cobrar relevancia.

Como ya se mencionó en el capítulo anterior, la Reforma protestante trajo consigo un desafío sistemático al consenso cristiano del medioevo, que terminó debilitando los sólidos fundamentos sobre los que se sostenía el modelo de visión espiritual, tan consolidado en la Edad Media.[25] Uno de los desafíos más importantes que la Reforma trajo consigo tiene que ver con la manera de interpretar la Escritura. "La Reforma enfatizó la autoridad del sentido literal de la Biblia en

---

[22] Ibíd.
[23] Wright, *Sorprendidos por la esperanza*, 221.
[24] Ibíd.
[25] En realidad los primeros reformadores no se ocuparon del tema escatológico, ya que hubo otros temas para ellos más urgentes que ocuparon sus pensamientos. De ahí que en lo que respecta a la escatología no se encuentre grandes diferencias con el pensamiento del medioevo. Sin embargo, el desafío al pensamiento medieval que se presentó en esa coyuntura histórica, llevó a que con el tiempo las ideas tan comúnmente aceptadas en la tradición eclesiástica, que apoyaban un modelo de visión espiritual, fueran cuestionadas.

expresión teológica".²⁶ Después de la Reforma, el significado de interpretación literal se desarrolló por medio del estudio del Antiguo y el Nuevo Testamento, sumado a estudios sobre aspectos filológicos, históricos, literarios, y gramáticos de las Escrituras canónicas.²⁷ Este tipo de estudios llevó a aplicar correcciones a las maneras culturales y filosóficas que carecían de sustento bíblico y que se habían mezclado con la teología, para luego pasar a formar parte de la tradición, dañando así la autoridad de la Biblia.²⁸

Un elemento adicional que contribuyó al fortalecimiento del modelo de nueva creación fue la aparición de la ciencia moderna en el siglo dieciséis.²⁹ Como observa Blaising, "la revolución de Copérnico y otros descubrimientos por Galileo, Newton y Boyle, desacreditaron la química y cosmología del medioevo, las cuales apoyaron doctrinas acerca de cuerpos no materiales y un cielo inmovible y empíreo".³⁰ El aporte de la ciencia moderna, sumado al avance en los estudios bíblicos, ha hecho que en la actualidad el modelo de nueva creación esté consolidado como en ningún otro momento de la historia del pensamiento cristiano, con excepción de los tiempos de los padres de la iglesia, claro está.³¹

Antes de terminar esta sección, una especial mención merece aquí la historia reciente dentro del Catolicismo Romano en cuanto al modelo de nueva creación de la vida eterna. La denominación común y más extendida en la teología católica para hablar de escatología fue "*De novissimis*" (lo último), pero en los siglos XIX y XX fue imponiéndose el término "escatología".³² Para Tamayo Acosta, "el paso de los 'novísimos' a la 'escatología' no respondió a un simple cambio de nombre; sino que comportó un cambio fundamental en los contenidos y una nueva toma de postura ante las cuestiones abordadas

---

²⁶ Blaising, "Premilenialismo", en *Tres puntos de vista del milenio y el más allá*, 195.
²⁷ Ibíd.
²⁸ Ibíd.
²⁹ Ibíd., 196.
³⁰ Ibíd. "Se pensaba que el cielo empíreo fue una parte del cosmos, el nivel más alto, una esfera de pura luz, en la cual los resucitados morarían eternamente viendo a Dios".
³¹ Ibíd., 197.
³² Juan José Tamayo Acosta, *Para comprender la escatología cristiana*, 13.

tradicionalmente".³³ Los contenidos clásicos a los que hacía referencia los novísimos (muerte, juicio, infierno, gloria, entre otros) se presentaban como clave omnicomprensiva para entender el destino de las personas.³⁴ Tamayo Acosta opina que:

> Para nadie es un secreto que las imágenes con que se presentaban los novísimos no eran inocentes, sino que jugaban una doble funcionalidad ideológica: por una parte, infundir miedo, e incluso terror, ante la amenaza de las penas del infierno y transmitir una concepción pesimista de la vida humana; por otra, alejar a los cristianos de sus responsabilidades en el mundo.³⁵

Luego continúa diciendo:

> En los tratados neoescolásticos sobre los novísimos se apreciaba una *ausencia de sentido histórico*. Las últimas cosas que advendrían al final no tendrían relación con el tiempo histórico. El más acá y el más allá parecían dos mundos incomunicados y en ruptura. Muy poco, por no decir nada, quedaba ya en dichos tratados de la teología de la historia tan presente en la Biblia... Ello llevaba derechamente a una *deshistorización de la salvación*... La orientación ahistórica de los novísimos se inspiraba en la concepción dualista *más allá / más acá*, procedente de la síntesis platónico-cristiana, que ha informado el pensamiento metafísico de occidente hasta la ilustración.³⁶

Sin embargo, a partir de la segunda mitad del siglo XX, en la Iglesia Católica, gracias a una teología más contextualizada y en apertura al diálogo con otras disciplinas, se dio el afianzamiento de una transformación hacia el modelo de nueva creación, y de manera especial a partir de las reflexiones suscitadas con motivo del Concilio

---

[33] Ibíd.
[34] Ibíd., 14.
[35] Ibíd.
[36] Ibíd.

Vaticano II.[37]

3. Pasajes bíblicos que apoyan el modelo

El modelo de la nueva creación utiliza textos bíblicos que hablan de un reino futuro y eterno, un nuevo cielo, una nueva tierra y la renovación de vida sobre ella, resurrección corporal, e incluso relaciones políticas y sociales entre los redimidos.[38] En cuanto a los pasajes que hablan de un reino eterno y futuro, en una nueva tierra con un nuevo cielo, se destacan tres. Ellos son Isaías 65:17-25; 2 Pedro 3:13 y Apocalipsis 21:1-22:5. En el pasaje de Isaías 65, luego de la declaración de que Dios va a crear un cielo nuevo y una tierra nueva, se encuentran afirmaciones que hacen pensar en una vida terrenal *similar* a la actual. Por ejemplo, el v. 21 habla de construir casas, habitarlas, plantar viñas y comer de su fruto; mientras que el v. 23 afirma que no se trabajará en vano. Todo esto hace parecer a primera vista que en Isaías 65 la nueva creación tendrá una continuidad ontológica con la actual.

En el pasaje de 2 Pedro 3:13, el apóstol afirma que "según su promesa, esperamos un cielo nuevo y una tierra nueva, en los que habite la justicia". El contexto del pasaje habla de la destrucción de mundo actual por fuego, pero de ninguna manera sugiere que luego de esa destrucción lo que quedará será una existencia espiritual en el cielo como un alma, sino, por el contrario, el pasaje afirma la existencia futura en una nueva tierra y un nuevo cielo, donde "habite la justicia", frase que parece inferir la existencia de un reino, con dimensiones sociales y políticas.

Pero sin lugar a dudas el pasaje que más claramente enseña sobre un reino futuro en una nueva tierra y un nuevo cielo es Apocalipsis 21:1-22:5. El pasaje inicia con la introducción de un nuevo cielo y una nueva tierra. Luego Apocalipsis 21:2 declara que Juan vio "la ciudad santa, la nueva Jerusalén, que bajaba del cielo,

---

[37] Jaime Laurence Bonilla Morales, "Escatología como esperanza cristiana: Posición crítica frente al sistema neoliberal", *Franciscanum* 147-148 (septiembre-diciembre de 2007/enero-abril de 2008): 34.

[38] Blaising, "Premilenialismo", en *Tres puntos de vista del milenio y el más allá*, 181.

procedente de Dios". Se debe destacar que se está hablando aquí de una ciudad, y en segundo lugar, que bajaba del cielo. Luego, la ciudad no estará en el cielo, porque ha bajado. ¿Dónde ha bajado? Lo más lógico es pensar que ha bajado a la nueva tierra. Esta ciudad, aunque con características magníficas en su tamaño y belleza, contiene elementos que son familiares a las ciudades de esta creación. Por ejemplo, tiene murallas y puertas (21:12), cimientos (21:4) y una calle principal (22:2). Además se menciona un río, cosechas y árboles (22:2), y un trono (22:3). Claro que también hay diferencias con el mundo actual, como por ejemplo que no hay sol ni luna (21:23), el trono de Dios y el Cordero está en la ciudad (22:3), y los siervos del Señor pueden verlo cara a cara (22:4). El punto principal que es preciso resaltar es que ésta descripción de la eternidad no tiene nada que ver con las ideas asociadas al modelo de visión espiritual, es decir, no se encuentran "almas rescatadas que están logrando llegar a un cielo incorpóreo, sino más bien a la Nueva Jerusalén que baja del cielo a la tierra hasta que el cielo y la tierra se unen en un abrazo por siempre".[39]

Con respecto a los pasajes que hablan de una resurrección corporal, deben destacarse los siguientes: Daniel 12:1, 2; Romanos 8:10, 11, 23; 1 Corintios 15:12-54; Filipenses 3:20, 21; Apocalipsis 20:5, 6. El texto de Daniel 12:1, 2 y el de Apocalipsis 20:5, 6 son paralelos en relación al tema de la resurrección de todos los seres humanos, no solo los justos. Daniel 12:2 afirma que "del polvo de la tierra se levantarán las multitudes de los que duermen, algunos de ellos para vivir por siempre, pero otros para quedar en la vergüenza y en la confusión perpetuas". Similarmente, Apocalipsis refiere al mismo tema, solo que separa la resurrección de los justos de la de los injustos. Los justos resucitan en lo que Juan denomina la primera resurrección (ver Ap. 20:6), y los demás muertos no vuelven a vivir hasta que se cumplen mil años (Ap. 20:5). De manera que hay una diferencia de mil años entre una resurrección y la otra, pero al igual que en Daniel, todos terminan resucitando.

Otro pasaje clave es Romanos 8:10, 11, 23:

Pero si Cristo está en ustedes, el cuerpo está muerto a causa del

---

[39] Wright, *Sorprendidos por la esperanza*, 50.

pecado, pero el Espíritu que está en ustedes es vida a causa de la justicia. Y si el Espíritu de aquel que levantó a Jesús de entre los muertos vive en ustedes, el mismo que levantó a Cristo de entre los muertos también dará vida a sus cuerpos mortales por medio de su Espíritu, que vive en ustedes... Sabemos que toda la creación todavía gime a una, como si tuviera dolores de parto. Y no sólo ella, sino también nosotros mismos, que tenemos las primicias del Espíritu, gemimos interiormente, mientras aguardamos nuestra adopción como hijos, es decir, la redención de nuestro cuerpo.

Es de destacar aquí la expresión "redención de nuestro cuerpo". Como observa Wright: "No hay lugar alguno para la duda en cuanto a lo que él se refiere: al pueblo de Dios se le ha prometido un nuevo tipo de existencia corporal, la realización y la redención de nuestra presente vida corporal".[40]

Filipenses 3:20, 21 destaca la diferencia entre el actual cuerpo y el resucitado, al afirmar que Jesucristo "transformará nuestro cuerpo miserable para que sea como su cuerpo glorioso, mediante el poder con que somete a sí mismo todas las cosas" (Fil. 3:21). Aunque sin lugar a dudas es en 1 Corintios 15:12-54 donde Pablo trata en profundidad con este tema. El apóstol aclara que "no todos los cuerpos son iguales: hay cuerpos humanos; también los hay de animales terrestres, de aves y de peces. Así mismo hay cuerpos celestes y cuerpos terrestres; pero el esplendor de los cuerpos celestes es uno, y el de los cuerpos terrestres es otro" (1 Cor. 15:39, 40). Lo interesante es que en el pasaje Pablo utiliza una ilustración muy sugestiva para mostrar la relación entre el cuerpo actual y el resucitado, y es el de la semilla que muere para que de ella crezca la planta. En esa ilustración se ve claramente la continuidad por un lado (ya que la nueva planta es del mismo tipo que la semilla), y la discontinuidad por el otro (ya que la semilla muere, y lo que surge es algo mucho mayor a una semilla). Con esta ilustración el apóstol muestra la relación entre el cuerpo actual y el cuerpo resucitado:

Así sucederá también con la resurrección de los muertos. Lo

---

[40] Ibíd., 209.

que se siembra en corrupción, resucita en incorrupción; lo que se siembra en oprobio, resucita en gloria; lo que se siembra en debilidad, resucita en poder; se siembra un cuerpo natural, resucita un cuerpo espiritual. Si hay un cuerpo natural, también hay un cuerpo espiritual (1 Corintios 15:42-44).

Del pasaje citado uno puede percatarse lo notablemente diferente que es la imagen pintada aquí, de "todos aquellos posibles escenarios cristianos en los que el final de la historia es la partida del cristiano hacia el cielo como un alma, desnuda y sin adornos, para encontrarse con el Creador tembloroso en una clara actitud de temor".[41]

4. Presupuestos filosóficos y teológicos detrás del modelo

Con la historia del modelo de nueva creación en mente, y los pasajes bíblicos que apoyan ese modelo, se analizan a continuación los presupuestos teológicos y filosóficos detrás del modelo. Pero antes de realizar el análisis, vale la pena recordar aquí que lo que se está presentando son *modelos* de vida eterna. "El modelo de nueva creación no niega que los muertos en Cristo estén con Él en el cielo ahora".[42] Tampoco pretende minimizar la importancia de la visión de Dios en la eternidad. Como lo resume Blaising:

> El asunto tiene que ver con la naturaleza de la vida resucitada, la cual el modelo de la visión espiritual ve como esencialmente igual al estado presente de los creyentes que han muerto. El modelo de la nueva creación, en cambio, ve el estado después de la resurrección como bastante diferente -¡tan diferente como la vida de la muerte![43]

De ahí que Wright denomine a la vida resucitada como "la vida

---

[41] Ibíd., 153.
[42] Blaising, "Premilenialismo", en *Tres puntos de vista del milenio y el más allá*, 182.
[43] Ibíd.

después 'de la vida después de la muerte'".⁴⁴

Volviendo al análisis de los presupuestos teológicos y filosóficos detrás del modelo, en primer lugar, es importante destacar que el modelo de nueva creación propone una resurrección corporal y material al final de la historia. Este es su principal presupuesto teológico. Es por esto que es importante entender lo que significa "resurrección" para el modelo de nueva creación. Al respecto, Wright es de ayuda:

> No debemos olvidar nunca que la "resurrección" no significaba "ir al cielo" o "escapar de la muerte", así como tampoco "tener una existencia luego de la muerte gloriosa y noble", sino "volver una vez más a la vida corporal luego de la vida corporal".⁴⁵

Al escribir sobre estos cuerpos resucitados, Juan Zoller comenta que:

> cuando estemos en el cielo, tendremos un cuerpo perfecto en todos los aspectos. Un cuerpo semejante al del Señor Jesús; el cual conservara su personalidad. Tendremos los mismos sentidos que poseímos sobre la tierra, vista, oído, tacto, gusto y olfato, mucho más perfectos, y los deseos resultantes de poseer tales sentidos serán plenamente cumplidos.⁴⁶

En este comentario se observa tanto la continuidad como la discontinuidad que habrá entre el cuerpo presente y el cuerpo resucitado. Por un lado los mismo sentidos, pero por otro mucho más perfectos. Esta continuidad y discontinuidad no solo se aplicará a los cuerpos de los seres humanos, sino también a toda la creación. De ahí que la palabra resurrección para referirse a los cuerpos humanos y a la creación toda sea tan adecuada.

---

⁴⁴ Wright, *Sorprendidos por la esperanza*, 210.
⁴⁵ Ibíd., 86.
⁴⁶ Juan Zoller, *El cielo* (1972), 192. Es interesante notar como Zoller maneja la terminología con respecto a la eternidad. En la página 75 de su libro, afirma que la nueva tierra será el cielo final, en la cual se estará por todas las edades de la eternidad.

En segundo lugar, y en relación con el presupuesto teológico anterior, pero desde el punto de vista filosófico, se observa que el modelo de nueva creación al igual que el cristianismo primitivo, se niega a afirmar un dualismo cosmológico en el cual el mundo creado no es tan bueno ni ha sido recibido de Dios.[47] Como lo aclara Wright: "Lo que importa es la dualidad escatológica (la era actual y la era por venir) y no el dualismo ontológico (una 'tierra' del mal y un 'cielo' del bien)".[48] Como se vio en el capítulo anterior, "el modelo de visión espiritual separa y contrasta dos esferas de realidad, la espiritual y la física, y plantea el estado final de bendición en términos de lo espiritual solamente".[49] En contraposición, "el modelo de la nueva creación rechaza esa separación que es central al modelo de la visión espiritual, y plantea la vida eterna en un sentido que integra la esfera espiritual con la física".[50] Así, lejos de negar lo físico y lo material, "los afirma a ambos como esencial a una antropología integral y la idea bíblica de una creación redimida".[51] Para expresar de manera positiva este presupuesto filosófico, lo mejor es recurrir a Aristóteles, quien rechaza el dualismo platónico, y en su lugar propone una unidad entre lo visible y lo inteligible. Como comenta Manuel García Morente:

> la labor propia de Aristóteles en la filosofía se puede definir de un solo rasgo general con estas palabras: un esfuerzo titánico por traer las ideas platónicas del lugar celeste en que Platón las había puesto, y fundirlas dentro de la misma realidad sensible y de las cosas. Ese esfuerzo por deshacer la dualidad del mundo sensible y el mundo inteligible; por introducir en el mundo sensible la inteligibilidad; por fundir la idea intuida por la intuición intelectual con la cosa percibida por los sentidos, en una sola unidad existencial y consistencial; ese esfuerzo caracteriza supremamente la filosofía de Aristóteles, la

---

[47] Wright, *Sorprendidos por la esperanza*, 142.
[48] Ibíd., 143.
[49] Blaising, "Premilenialismo", en *Tres puntos de vista del milenio y el más allá*, 182.
[50] Ibíd.
[51] Ibíd., 181.

metafísica de Aristóteles.⁵²

Según argumenta Aristóteles, "parece imposible que la substancia esté separada de aquello de lo que es substancia. Por consiguiente, ¿cómo podrían las Ideas, siendo substancias de las cosas, estar separadas de ellas?".⁵³ En otras palabras, ¿cómo es posible que aquello que hace que el hombre sea hombre, su esencia, la Idea de hombre, no resida en el hombre, sino que exista independientemente de él? Así que para Aristóteles la relación entre el alma y el cuerpo en el ser humano está representada por un lazo fortísimo e indisoluble de necesidad mutua. En su libro *Acerca del alma*, Aristóteles muestra este lazo utilizando el ejemplo del ojo:

> si el ojo fuera un animal, su alma sería la vista. Esta es, desde luego, la entidad definitoria del ojo. El ojo, por su parte, es la materia de la vista, de manera que, quitada ésta, aquél no sería en absoluto un ojo a no ser de palabra, como es el caso de un ojo esculpido en piedra o pintado... Y así como el ojo es la pupila y la vista, en el otro caso –y paralelamente– el animal es el alma y el cuerpo. Es perfectamente claro que el alma no es separable del cuerpo.⁵⁴

Más adelante en la obra vuelve a afirmar: "están en lo cierto cuantos opinan que el alma ni se da sin un cuerpo ni es en sí misma un cuerpo".⁵⁵ Esta postura filosófica está mas de acuerdo con el modelo de nueva creación, el cual afirma una eternidad para el ser humano donde tanto su cuerpo como su alma están presentes.

En tercer lugar, y como presupuesto teológico, debe decirse que "el modelo de la nueva creación afirma una creación futura que es integral con la justicia perfecta y la vida eterna".⁵⁶ Mientras que el

---

⁵² Manuel García Morente, *Lecciones preliminares de filosofía* (1980), 84.
⁵³ Aristóteles, *Metafísica*, 132, http://biblio3.url.edu.gt/Libros/mfis.pdf (consultado el 24 de julio de 2012). En realidad son varios los argumentos por los que Aristóteles rechaza la separación entre lo visible y lo inteligible, los cuales pueden verse en las páginas 130-32 de la mencionada obra.
⁵⁴ Aristóteles, *Acerca del alma* (1978), 169-70.
⁵⁵ Ibíd., 174.
⁵⁶ Blaising, "Premilenialismo", en *Tres puntos de vista del milenio y el más allá*, 183.

modelo de visión espiritual "asigna mayor importancia ontológica a las cosas espirituales, y ve la perfección como un estado sin cambio y sin tiempo";[57] el modelo de nueva creación afirma que la eternidad "no es una existencia sin tiempo y cambio, sino una secuencia sin fin de vida y experiencias".[58] Como observa Nigel Darling, el trono en Apocalipsis 22:1, 3:

> es figura de la autoridad divina en gobierno y administración de la nueva creación, que se ejercerá desde la Nueva Jerusalén por medio del pueblo de Dios, y las Escrituras establecen que *sus siervos le servirán*. No seremos llamados a una existencia estática ni a una eternidad de monotonía ininterrumpida, sino a una vida de actividad gloriosa al servicio del Salvador: una vida en que podrán desplegarse ampliamente las iniciativas generosas y anhelos nobles que serán los frutos perfectos del Espíritu. No seremos parásitos destinados a la inercia perpetua, sino hijos de Dios gozando en su plenitud *la perfecta ley, que es la de la libertad,* y bendecidos con el privilegio inestimable de estar a Su servicio.[59]

5. Conclusión

Al terminar este capítulo, es la esperanza del autor que se haya obtenido una comprensión clara de lo que representa el modelo de nueva creación, tanto en su fundamentación bíblica, como en sus presupuestos teológicos y filosóficos; además de un panorama de la historia del modelo. Pero más importante aún, se espera que se haya podido contrastar este modelo con el del capítulo anterior, y de ese contraste queden claramente delineados los puntos donde los modelos se encuentran, y principalmente, donde se alejan. Para ayudar un poco más a este objetivo, en el próximo capítulo se presenta una evaluación de ambos modelos.

---

[57] Ibíd.
[58] Ibíd., 181.
[59] Nigel J. L. Darling, *Una puerta abierta en el cielo: Las cosas que han de ser después de estas* (1957), 353.

CAPÍTULO III

EVALUACIÓN DE LOS MODELOS DE "VISIÓN ESPIRITUAL" Y DE "LA NUEVA CREACIÓN"

1. Introducción

En la hermenéutica, existe el fenómeno denominado *pre-entendimiento*, y es "lo que alguien sabe acerca de un tema antes de investigarlo, o lo que alguien cree que un texto significa antes de empezar a estudiarlo".[1] Como se vio en el capítulo 1, durante gran parte de la historia de la Iglesia el modelo de visión espiritual funcionó como el pre-entendimiento que tenían muchos cristianos antes de estudiar las enseñanzas bíblicas acerca de la eternidad.[2] Y es posible que en la actualidad dicho modelo sea parte del pre-entendimiento de muchos creyentes. Por supuesto que, el hecho de que sea parte del pre-entendimiento alguna idea no significa, *a priori*, que sea una mala idea. Pero el problema es que si es una idea contraria al mensaje de la Biblia, va a nublar la comprensión de lo que quiere decir la Escritura. Es por eso que, en este capítulo, se ha recurrido a la teología bíblica antes de poder evaluar los modelos presentados en los capítulos anteriores. A medida que el lector lea este capítulo, notará que hay una gran sección dedicada al análisis exegético de nueve pasajes claves para los dos modelos. En dicha sección se ha intentado contextualizar correctamente cada pasaje, como así también se han incluido observaciones exegéticas que se han considerado relevantes, junto con algunas implicaciones teológicas que surgen de

---

[1] Craig Blaising, "Premilenialismo", en Darrel Bock, ed., *Tres puntos de vista del milenio y el más allá*, 184.
[2] Ibíd.

esas observaciones.

Recién luego de esa sección de teología bíblica, y reuniendo todo lo visto anteriormente con ella, se ha procedido a realizar una evaluación de los modelos, destacando los temas de la hermenéutica, el cielo, el estado intermedio, el tiempo, la visión beatífica, la resurrección y la nueva creación. A continuación entonces, se presenta el análisis exegético de los pasajes claves.

2. Exégesis de pasajes claves en relación a los modelos

2.1 Isaías 65:17-25

Este pasaje en su contexto corresponde a la sección que comienza en 65:1, y "constituye la respuesta de Yahvé a la oración del profeta, la cual continúa hasta el final del libro".[3] En los versículos 17–25 "se encuentra la respuesta positiva de Dios para su pueblo y para la tierra que ha escogido para manifestar en ella la gloria de sus designios".[4]

En Isaías 65:17 se tiene la expresión בּוֹרֵא שָׁמַיִם חֲדָשִׁים וָאָרֶץ חֲדָשָׁה כִּי־הִנְנִי ("Presten atención, que estoy por crear un cielo nuevo y una tierra nueva"). Esta oración tiene a Yahvé como sujeto. בָּרָא (crear) es una palabra usada en el Antiguo Testamento solamente con Dios como sujeto.[5] El énfasis está en Yahvé, como el pronombre personal (que viene sufijado en הִנְנִי) lo indica.[6] Cuando cielos se usa con tierra lo que describen es una totalidad, es decir, el universo incluido el reino divino, la tierra y todo lo que se encuentra encima de ella.[7] חֲדָשִׁים (nuevos) puede significar diferentes cosas: 1) puede describir algo que no existió antes y es desconocido hasta ese momento. 2) Puede

---

[3] Moisés Chávez y David Trigoso, *Isaías*, Comentario Bíblico Mundo Hispano 10 (1997), 257.
[4] Ibíd., 259.
[5] John D. W. Watts, *Isaiah 34-66*, Word Biblical Commentary 25 (1987), 353.
[6] Ibíd.
[7] Ibíd., 354.

describir algo que es diferente de lo que ya existe. 3) Puede significar algo fresco, puro, joven, o fuerte, pulido, brillante.[8] Según Willem VanGemeren "nuevo" tiene aquí el significado de una transformación milagrosa,[9] y coincide con Claus Westermann en que el significado aquí no implica la destrucción de los actuales cielo y tierra, sino más bien una renovación.[10]

Desde Isaías 65:20 a 25 se describe cómo será esta nueva creación de Dios. En el versículo 20 se afirma que "Nunca más habrá en ella niños que vivan pocos días, ni ancianos que no completen sus años. El que muera a los cien años será considerado joven; pero el que no llegue a esa edad será considerado maldito". La característica que se destaca en esta descripción es que se vivirán muchos años en esa nueva creación. "La longevidad es una de las bendiciones clásicas en el horizonte intramundano".[11] Por otro lado, "este pasaje parece indicar que aunque esta futura época de la tierra será mucho mejor que la actual, con todo no parece ser un estado perfecto, ya que existirán el pecado y la muerte; pero serán menos frecuentes que ahora".[12] Esto plantea el interrogante, por un lado, si la descripción que se hace aquí es del estado eterno, o de algún estado intermedio, y por otro lado, si se debe tomar literalmente o considerarla de manera figurada. Más adelante se analiza qué puede significar esta imperfección en la nueva creación.

Luego de describir cómo será la vida en la nueva creación, los versículos 21 a 23 pasan a describir cómo será el trabajo en la nueva creación. Lo primero que se afirma en el versículo 21 es que disfrutar del trabajo propio es una de las bendiciones. Podrán habitar lo que construyan y comer lo que planten. El versículo 22 aclara que no ocurrirá lo que ahora es muy común que pase, es decir, que alguien edifique su casa y luego no pueda ocuparla, o que plante una viña para

---

[8] Ibíd., 353.
[9] Willem A. VanGemeren, ed., *New International Dictionary of Old Testament Theology and Exegesis* (1997), 2:36.
[10] Ibíd. Ver también Claus Westermann, *Isaiah 40-66* (1976), 408.
[11] Luis Alonso Schökel, "Antiguo Testamento: Poesía", *Biblia del Peregrino* (1997), 2:176.
[12] Ibíd.

que al final sea otro el que disfrute de los frutos.[13] En la nueva creación no habrá agresores externos ni opresores internos.[14] De manera que la propiedad que se posea no correrá peligro de perderse.

El versículo 24 provee información breve pero significativa sobre cómo será la comunión de los hombres con Dios en la nueva creación. "Al parecer lo anunciado en Isaías 30:19 y 58:9 se extrema aquí (ver Sal. 139:4)".[15] El verso tiene relación con Isaías 65:1, en el cual se promete una clase satisfactoria de adoración, donde la participación recíproca será experimentada.[16]

Por último, el versículo 25 detalla cómo será la naturaleza en la nueva creación. Aquí se repite lo que se dijo en 11:7-9, y sirve para traer a la memoria el mundo maravilloso que describe aquel poema.[17] Lo que se dice es que toda la naturaleza estará en paz, en especial las relaciones en el reino animal. Algunos eruditos opinan que "este pasaje no tiene cumplimiento literal en la naturaleza (si fuera así los animales carnívoros perecerían de hambre), sino que es figurado (hipérbole), y representa el carácter del Reino de Dios como uno de paz y de fraternidad".[18] Sin embargo, la transformación de la naturaleza para estar en armonía con la nación redimida aparece tanto en el Antiguo Testamento (Is. 11:6–9; 29:17; etc.), como en el Nuevo (Rom. 8:19–22). En su último cumplimiento se señala la renovación del universo encuadrado en 2 Pedro 3:13, y Apocalipsis 21:1.

La frase final en el versículo 25 es significativa: "En todo mi monte santo no habrá quien haga daño ni destruya, dice el SEÑOR". La realidad de cielo nuevo *y tierra nueva* se verificará de manera especial en la gloria de Jerusalén, y de un cambio admirable de profundas consecuencias en la naturaleza, en todo su *monte santo*. "El concepto de *monte santo* se hace extensivo en el profeta a toda la tierra

---

[13] Carroll Gillis, *Historia paralela de Judá e Israel,* en *El Antiguo Testamento: Un comentario sobre su historia y literatura* (1991), 3:337-38.
[14] Alonso Schökel, "Antiguo Testamento: Poesía", *Biblia del Peregrino,* 2:176.
[15] Ibíd., 2:177.
[16] Watts, *Isaiah 34-66,* Word Biblical Commentary, 355.
[17] Alonso Schökel, "Antiguo Testamento: Poesía", *Biblia del Peregrino,* 2:177.
[18] Gillis, *Historia paralela de Judá e Israel,* 295.

de Israel, y no solamente al monte Moriah o al monte Sion".[19]

En cuanto a algunas implicaciones teológicas que puedan sacarse del análisis, se puede decir, en primer lugar, que en este pasaje se vislumbra un reino terrenal, donde se edifican casas y se plantan viñas, y donde, a pesar de una longevidad desconocida desde el diluvio hasta aquí, la muerte puede caer sobre el pecador. Esto último crea la duda si las bendiciones deben tomarse de manera literal, o si simplemente describen el estado último usando analogías terrenales.[20] Algunos eruditos consideran que aquí se describe el reino milenial (Ap. 20:1-10), a pesar que la descripción de cielo nuevo y tierra nueva parezca hacer referencia al estado eterno.[21] John Martin ofrece la siguiente explicación:

> Es posible que Isaías no hiciera una distinción entre estos dos aspectos del reinado de Dios porque él los veía como uno solo. De todas formas, el milenio, que como su nombre indica, tendrá una duración de mil años, será sólo un pequeño punto en el tiempo comparado con toda la eternidad.[22]

> De modo que si se tomara este pasaje de manera literal, lo que se estaría describiendo es el milenio, que se menciona en Apocalipsis 20, donde al parecer los santos resucitados coexistirían con el mundo de los vivos, antes del juicio final.[23]

Otra opción sería tomar el pasaje como una analogía. Dado que los lectores primitivos de Isaías lo único que conocían era el mundo que les rodeaba, tuvo que tomar de ahí las imágenes para describir lo nuevo. Como lo explica Derek Kidner:

> Lo nuevo es representado íntegramente en los términos de lo viejo, pero sin las angustias pasadas; no se hace ningún intento

---

[19] Chávez y Trigoso, *Isaías*, Comentario Bíblico Mundo Hispano, 260.
[20] Derek F. Kidner, "Isaías", en *Nuevo comentario bíblico: siglo veintiuno* (1999), versión electrónica de Libronix, 2000.
[21] Por ejemplo, John A. Martin, "Isaías", en *El conocimiento bíblico: Un comentario expositivo; Antiguo Testamento* (2000), 5:124.
[22] Ibíd.
[23] Kidner, "Isaías", en *El conocimiento bíblico*, versión electrónica de Libronix, 2000.

de describir algún otro tipo de novedad. De ahí la familiar puesta en escena, Jerusalén, y la modesta satisfacción, principalmente la oportunidad de disfrutar de *la obra de sus manos* (v. 22). Esto permite que aparezcan en relieve las cosas más importantes del pasaje: la curación de viejos males (v. 17b); gozo (vv. 18, 19); vida (v. 20); seguridad (vv. 21–23a); comunión con Dios (vv. 23b, 24) y concordia entre sus criaturas (v. 25)… Por esta razón pareciera preferible que tomemos a este pasaje como una analogía, y sus alusiones al pecador (v. 20) y a la *serpiente* (v. 25) como promesas de juicio y de victoria.[24]

Las dos opciones tienen su mérito, aunque en este caso se prefiere optar por la segunda, ya que la primera parece más un intento de encajar el pasaje con un sistema, mientras que la segunda es más sensible al contexto particular en que fue escrito el texto.

En segundo lugar, y con relación a la naturaleza, en el mundo ideal que se muestra por tercera vez en Isaías (11:6-9; 35:1-2,5-7; 65:25), se presenta un cuadro utópico, en el cual no hay violencia de ningún tipo. Esto trae a la memoria la perfección de la naturaleza en el jardín del Edén antes de la expulsión de Adán y Eva, y probablemente tiene la intención de señalar un plan primero y último de Dios para la humanidad, dentro de una creación que es totalmente inocente y no violenta.[25]

En tercer lugar, es probable que en esta profecía todo esté "expresado libremente, en forma local y pictórica, para inflamar la esperanza más que para satisfacer una curiosidad".[26] De manera que una interpretación totalmente literal de cada detalle puede llevar a conclusiones descabelladas, similares a las que se puede llegar con una interpretación totalmente figurada de la profecía. Debido a ello, es mejor acercarse a este texto buscando el sentido literal, pero matizándolo de acuerdo al propósito de la profecía.

---

[24] Ibíd.
[25] Watts, *Isaiah 34-66*, Word Biblical Commentary, 357.
[26] Kidner, "Isaías", en *El conocimiento bíblico*, versión electrónica de Libronix, 2000.

2.2 Juan 14:2

En este pasaje Jesús afirmó: "En el hogar de mi Padre hay muchas viviendas; si no fuera así, ya se lo habría dicho a ustedes. Voy a prepararles un lugar". El contexto de este versículo es un discurso que va desde 13:31 hasta 14:31, y que tiene que ver principalmente con la partida y el regreso de Jesús, concluyendo en 14:31 y continuando naturalmente en 18:1.[27] Un dato interesante es el movimiento de espiral en los capítulos 14 a 17 de Juan.

> Los varios temas se presentan y se retiran en pasos sucesivos: el Paracleto se presenta cinco veces (14:16, 17, 25, 26; 15:26; 16:8–15, 23–25); la relación entre la iglesia y el mundo en tres pasajes (14:22–24; 15:18–25; 16:1–3). Lo mismo sucede con la salida y retorno de Cristo".[28]

En 14:1 inicia uno de los discursos joánicos más profundos,[29] en donde las palabras de Jesús tienen como objeto infundir aliento en los temerosos discípulos, luego de que su maestro les anticipara que iba a morir. Además de mandar creer en Dios y en él mismo como antídoto para su ánimo turbado, Jesús agrega otro factor que infundiría tranquilidad en el corazón de ellos. En 14:2 Jesús les dice básicamente tres cosas: 1) afirma que hay muchas viviendas en el hogar de su Padre; 2) les aclara que si no fuera así él les hubiera dicho; y 3) que iba a preparar un lugar para ellos.[30] Luego, Jesús continúa diciendo, "y si me voy y se lo preparo, vendré para llevármelos conmigo. Así ustedes estarán donde yo esté". Estos dos versículos, el 2 y 3, no son fáciles de interpretar, sobre todo si se tiene en cuenta que en esta promesa Jesús parece contradecir a muchas otras declaraciones de su último discurso, donde habla que cuando volviera, no llevaría a sus discípulos con él, sino que estaría con sus

---

[27] George R. Beasley-Murray, *John*, Word Biblical Commentary 36 (1987), 223.
[28] James Bartley y Joyce Cope de Wyatt, *Juan*, Comentario Bíblico Mundo Hispano 17 (2004), 298.
[29] Bruce Vawter, "Evangelio según san Juan", en *Comentario bíblico san Jerónimo: Nuevo Testamento II* (1972), 4:495.
[30] Bartley y Cope de Wyatt, *Juan*, Comentario Bíblico Mundo Hispano, 300.

discípulos aquí abajo (ver 14:18, 28; 16:16).³¹ Es por eso que algunas consideraciones exegéticas son necesarias para aclarar el sentido del texto.

Una palabra importante aquí es μοναί (femenino plural de μονή) que se traduce como "viviendas" (NVI), "moradas" (LBLA, RV60, RV95), "estancias" (Biblia del Peregrino), etc. El significado de este término griego es discutido. Muchos piensan que se deriva de una palabra aramea que se usa para referirse a un lugar para descansar o pasar la noche, cuando un viajero está en medio de su viaje.³² También en el griego antiguo se usa, no como una referencia al lugar final de descanso, sino para especificar un descanso temporal en un viaje.³³ Otros opinan que hace referencia a una morada *permanente*.³⁴ Los léxicos no brindan mayor ayuda al respecto, ya que definen μονή como "un lugar en el que uno se queda, vivienda (-lugar), habitación, morada".³⁵ En lo que hay coincidencia es que la imagen retrata una gran casa con muchas habitaciones subsidiarias, y que en cuyo tiempo el término simplemente denotaba una vivienda.³⁶ Estas viviendas se

---

[31] Raymond E. Brown, *The Gospel According to John (xiii-xxi)*, The Anchor Bible 29A (1977), 625. En las páginas 625-627 de este comentario se puede ver un buen resumen de las varias y diferentes formas en que los eruditos han interpretado estas palabras de Jesús.

[32] Ibíd., 619. Este texto presenta un discusión detallada sobre los posibles significados de μονή, al cual puede remitirse el lector. Al final, el comentarista opina que lo que está más en consonancia con el pensamiento joánino es relacionar μονή con el verbo cognado μένειν, frecuentemente usado en Juan en referencia a estar, quedar o permanecer con Jesús y con el Padre.

[33] Nicholas Thomas Wright, *Sorprendidos por la esperanza: repensando el cielo, la resurrección y la vida eterna*, 82, 212.

[34] Así lo ve por ejemplo el comentario bíblico de Matthew Henry, quien opina que tanto aquí como en 14:23 la idea de permanencia está presente, al contrario de Hebreos 13:14. Mathew Henry, *Comentario Bíblico de Matthew Henry* (1999), 1441.

[35] Frederick William Danker, ed, *A Greek-English Lexicon of the New Testament and other Early Christian Literature* (2000), 658.

[36] Beasley-Murray, *John*, Word Biblical Commentary, 249. Al respecto, parece exagerada la descripción de Hendriksen, que a partir del término elabora una descripción diciendo que "es un lugar muy espacioso, en él hay moradas completas, *casas*, y *mansiones* permanentes para *todos* los hijos de Dios. La casa del Padre no se parece *a una casa de vecindad* o *conventillo*, en que cada familia ocupa una habitación. Por el contrario, es más como un hermoso *edificio de apartamentos*, con

encuentran en la casa del Padre, la cual, para William Hendriksen, es el cielo (ver Sal. 33:13, 14; Is. 63:15).[37] De manera que "aquí se está pintando el mundo celeste como un gran palacio o como el templo de muchas estancias".[38]

En cuanto a lo permanente o transitorio de las "viviendas" o "moradas", el comentario *Mundo Hispano* observa que:

> Varios comentaristas traducen el término *moradas* como "estaciones" o "lugares de morada transitoria". Basados en este concepto, Orígenes, Wescott, Temple y otros conciben el cielo como un lugar de pasaje de una estación a otra, progresando hacia una meta final. Es cierto que el término *moradas* se ha usado en este sentido en varias culturas. Sin embargo, la etimología del término parece indicar un lugar fijo y permanente (ver v. 23). Por lo tanto, Tasker, Morris y otros refutan la idea de que el concepto de un pasaje por estaciones en el cielo se enseña en este pasaje.[39]

Al modo de ver del autor de este libro, la idea de un lugar permanente parece tener más sentido. Una interpretación alternativa la brinda el Comentario San Jerónimo:

> Estas palabras se suelen interpretar, con razón, como alusivas al reino de los cielos, al que retorna Jesús... Sin embargo es probable que Juan intente además otro sentido. Después de todo, Cristo nunca ha abandonado el cielo y, en consecuencia, tampoco tiene que retornar a él (cf. 3:13)... En el presente contexto, las muchas "moradas" de la casa del Padre podrían referirse también a los numerosos miembros de la Iglesia en la

---

una infinidad de apartamentos espaciosos y completamente amueblados, sin aglomeraciones de ninguna clase. ¡Dentro de la casa *única* hay *muchas mansiones*!". Ver William Hendriksen, *Comentario al Nuevo Testamento: El Evangelio según san Juan* (1981), 537.

[37] Hendriksen, *Comentario al Nuevo Testamento: El Evangelio según san Juan*, 537.

[38] Luis Alonso Schökel, "Nuevo Testamento: Edición de Estudio", *Biblia del Peregrino* (1997), 3:273.

[39] Bartley y Cope de Wyatt, *Juan*, Comentario Bíblico Mundo Hispano, 300.

tierra, donde igualmente habitará Cristo (cf. v. 22).[40]

Si bien es una propuesta interesante, no termina de convencer, ya que tanto "viviendas" como luego τόπον (lugar),[41] sugieren la idea de un área donde estar, y en ese sentido mientras Jesús estuvo en la tierra no estuvo ocupando ese "lugar" en el cielo,[42] por lo que limitar este pasaje a un sentido solo "espiritual" no parece hacerle justicia.

Aceptando entonces la *casa del Padre* como una referencia al cielo, la última frase del versículo, "voy a prepararles un lugar", indica que el propósito de Cristo al ir al cielo es preparar un lugar (τόπος)[43] para el cristiano; además de, como dice el comentario de *Matthew Henry*: "tomar posesión de él en nuestro lugar (cp. con Ef. 2:6); ser allí nuestro abogado para asegurarnos la posesión del título de propiedad; hacer todas las provisiones necesarias y convenientes para que nuestra futura mansión sea del todo cómoda y estupenda".[44]

El v. 3 completa la idea afirmando que luego de preparar el lugar Jesús vendrá para llevar a sus discípulos con él, y así estarán donde Jesús esté. "A. Deissmann ha mostrado que el consuelo contenido en este pasaje... lo aplicaron los primeros cristianos a la *muerte* de los seres queridos".[45] Sin embargo, por el contexto, no parece probable que Jesús se esté refiriendo a esto, al menos de manera directa, "sino más bien al encontrarse de nuevo en relación

---

[40] Vawter, "Evangelio según san Juan", en *Comentario bíblico san Jerónimo*, 4:495.

[41] El léxico define τόπος como una morada: *lugar, habitación* para vivir, estar, sentarse, etc. Danker, *A Greek-English Lexicon*, 1011.

[42] Si bien se reconoce la complejidad de este asunto, dada la omnipresencia de Dios, la idea de que Jesús, en tanto Dios-hombre, estuvo en el cielo *mientras* estaba en la tierra, no parece aceptable.

[43] El infinitivo ἑτοιμάσαι sin artículo expresa aquí la idea de propósito: *a preparar*. Turner, *A Grammar of New Testament Greek*, en Roberto Hanna, *Ayuda gramatical para el estudio del Nuevo Testamento griego* (2001), 252.

[44] Henry, *Comentario Bíblico de Matthew Henry*, 1441.

[45] Citado por Hendriksen, *Comentario al Nuevo Testamento: El Evangelio según san Juan*, 538.

con la segunda venida".⁴⁶

En resumen, aceptando que las viviendas en la casa del Padre a las que hace referencia Jesús son permanentes, estas indican principalmente el "lugar" en que los creyentes estarán luego de su *resurrección* en la segunda venido de Cristo,⁴⁷ y solo de manera secundaria y oblicua puede referirse al lugar en que estará el creyente luego de morir, mientras aguarda su resurrección. Adicionalmente, si se encuadra este pasaje en el contexto general de la Biblia, puede verse que en la nueva creación, la residencia del Padre estará en la nueva tierra, más específicamente en la nueva Jerusalén, tal como lo indica Apocalipsis 22:3,4. Con todo, debe reconocerse, que:

> Poco o nada se nos dice en cuanto al lugar ni la morada que él está preparando para nosotros; basta la promesa de que estaremos con él. Más que el lugar, o la clase de morada, el énfasis está sobre la unión íntima, inseparable y eterna de los creyentes con su Señor.⁴⁸

2.3 Romanos 8:10, 11, 23

En relación al contexto de este pasaje, y "como sucediera con los capítulos 5, 6 y 7, también el capítulo 8 indica uno de los resultados de la justificación de los creyentes por la fe".⁴⁹ En 8:9, como observa

---

[46] Ibíd. El autor explica a continuación que, "sin embargo, resulta legítima la aplicación a la muerte." Aunque puede concederse esto, no debe perderse de vista que la segunda venida de Cristo está claramente implicada en este pasaje.

[47] Según el comentario *El Conocimiento Bíblico*, el v.3 se refiere, "no a la resurrección ni a la muerte del creyente, sino al rapto de la iglesia, cuando Cristo volverá por sus ovejas (cp. 1 Ts. 4:13–18) y ellas estarán con él (cp. Jn. 17:24)". Sin embargo, esta posición es muy precaria, ya que el mismo pasaje de 1 Tesalonicenses habla de la resurrección de los santos, de manera que no puede separarse la resurrección del estar con Cristo en las moradas celestiales. Edwin A. Blum, "Juan", en *El conocimiento bíblico: Un comentario expositivo; Nuevo Testamento* (2000), 2:88.

[48] Bartley y Cope de Wyatt, *Juan*, Comentario Bíblico Mundo Hispano, 301.

[49] William Hendriksen, *Comentario al Nuevo Testamento: Romanos* (2006), 272.

Hendriksen:

> Con amor Pablo asegura a sus lectores que en lo que respecta a la dirección básica de su vida, ellos no están bajo el control de la pecaminosa naturaleza humana sino bajo el del Espíritu. Esto implica que, hablando en términos colectivos, ellos no pertenecen a la categoría de aquellos sobre los cuales el apóstol acaba de afirmar (en el v. 8) que no pueden agradar a Dios.[50]

Luego, en los vv. 10 y 11, el apóstol señala la forma como la vida "espiritual" lleva a gozar de la vida "física", a través de la resurrección del cuerpo. Esta resurrección se realiza por medio del poder del Espíritu, el cual actualmente mora en el cristiano.[51]

Al v.10, la versión Reina Valera 1960 lo traduce: "Pero si Cristo está en vosotros, el cuerpo en verdad está muerto a causa del pecado, mas el espíritu vive a causa de la justicia". De acuerdo al comentario *Mundo Hispano*:

> Dos aspectos de la frase *el espíritu vive* requieren comentario. En primer lugar, el texto original no dice "vive" sino "vida". En segundo lugar, no hay acuerdo con respecto a si la palabra griega *pneuma* aquí se refiere al espíritu humano o al Espíritu Santo, si se debe escribir "espíritu" (como la RVA, entre otras) o "Espíritu" (NVI, NBE).[52]

El hecho de que todos los otros usos de πνεῦμα en 8:1–11 hagan referencia al Espíritu Santo, inclina la balanza en favor de la traducción "Espíritu" (como lo traducen Morris, Bruce, Käsemann, Murray), y entonces la frase πνεῦμα ζωή podría traducirse como "el Espíritu es vida".[53] Otra opción posible es considerar que Pablo está haciendo un juego de palabras con los probables significados de πνεῦμα. "En 8:9 alude claramente al "Espíritu de Dios", pero también

---

[50] Ibíd., 281.

[51] Douglas J. Moo, "Romanos" en *Nuevo comentario bíblico: siglo veintiuno* (1999), versión electrónica de Libronix, 2000.

[52] Stanley Clark y Ernesto Humeniuk, *Romanos*, Comentario Bíblico Mundo Hispano 19 (2006), 143.

[53] Ibíd.

tiene conciencia de que significa una parte del hombre que puede ponerse en contraste con "carne".[54] Aunque la posibilidad del juego de palabras por parte de Pablo no puede descartarse, por lo que sigue en v. 11 parece preferible considerar que es mejor traducir como la NVI: "el Espíritu que está en ustedes es vida a causa de la justicia". De manera que "la referencia no es a la vida espiritual que el Espíritu trae en la conversión como sería el caso al traducir "espíritu", sino a la resurrección futura del creyente".[55] Esta parece ser la enseñanza de Pablo, que "Dios promete la vida espiritual resucitada ahora (Rom. 6:4, 8, 11) para el cuerpo mortal de cada creyente y también la resurrección física en el futuro (Rom. 6:5; 1 Cor. 6:14; 15:42, 53; 2 Cor. 4:14)".[56]

En el v. 11, el cuerpo mortal (τὰ θνητὰ σώματα), "frustra el destino a la inmortalidad. Pero el Espíritu lo supera con su fuerza vivificante, que abarca también el cuerpo mortal, como se ha demostrado en la resurrección de Jesucristo (1 Cor. 4:14, Fil. 3:21)".[57] El verbo *indicativo futuro* ζωοποιήσει (dará vida), expresa el cometido del Espíritu vivificador en la resurrección al final de los tiempos.[58] En su resurrección, "Cristo se convirtió en principio de la resurrección de los cristianos (cp. Fil. 3:21, 1 Tes. 4:14, 1 Cor. 6:14, 2 Cor. 4:14)".[59] De manera que cualquier correspondencia con el dualismo platónico que pueda sacarse del lenguaje usado aquí, debe rechazarse, ya que el pensamiento de Pablo es bastante diferente: el cuerpo está muerto a causa del pecado, pero será resucitado.[60]

En cuanto al v. 23, lo que allí se afirma viene conectado con

---

[54] Joseph A. Fitzmyer, "Carta a los Romanos", en *Comentario bíblico san Jerónimo: Nuevo Testamento II* (1972), 4:162.

[55] Clark y Humeniuk, *Romanos*, Comentario Bíblico Mundo Hispano, 143.

[56] John A. Witmer, "Romanos", en *El conocimiento bíblico: Un comentario expositivo; Nuevo Testamento* (2000), 2:287.

[57] Alonso Schökel, "Nuevo Testamento: Edición de Estudio", *Biblia del Peregrino*, 3:396.

[58] Según Morris, "en la resurrección los cuerpos no solamente dejarán de estar muertos sino que también dejarán de estar sujetos a la muerte". Citado en Clark y Humeniuk, *Romanos*, Comentario Bíblico Mundo Hispano, 144.

[59] Fitzmyer, "Carta a los Romanos", en *Comentario bíblico san Jerónimo*, 162-63.

[60] James D. G. Dunn, *Romans 1-8*, Word Biblical Commentary 38A (1988), 431.

los vv. 19-22, donde el apóstol asegura que la creación toda está gimiendo, aguardando la transformación. Luego, el v. 23 afirma que no solo ella, sino también aquellos (incluido Pablo) que tienen las primicias del Espíritu (τήν ἀπαρχὴν τοῦ πνεύματος), también gimen (στενάζομεν), aguardando la adopción como hijos (υἱοθεσίαν), es decir, la redención del cuerpo (υἱοθεσίαν). "Esto indica que también el cuerpo pertenece a la condición filial de hijos de Dios".[61]

El término primicias (ἀπαρχὴν) merece especial atención. Según el comentario *Mundo Hispano*:

> Pablo usa el término traducido "las primicias" 7 de las 9 veces que aparece en el NT (11:16; 16:5; 1 Cor. 15:20, 23; 16:15; 2 Tes. 2:13; Stg. 1:18; Ap. 14:4). Se refiere a la práctica en el AT de traer al templo como ofrenda a Dios la primera parte de la cosecha (ver, p. ej., Éx. 22:29; Lev. 23:10, 11; Num. 18:12; Dt. 18:4). Por una parte, representaba la consagración de toda la cosecha y, por otra parte, era el anticipo del resto de la cosecha.[62]

Lo que aquí se quiere comunicar, es que "el Espíritu Santo ya ha sido otorgado a los cristianos como principio de su nueva vida, y también como "prenda o garantía" de lo que había de venir".[63]

Los vv. 23-25 muestran la tensión escatológica entre, por un lado la salvación ya efectuada, y por el otro la del final de los tiempos.[64] "Lo que muchas veces en el Nuevo Testamento los eruditos llaman la tensión del "ya... y todavía no", entre lo que Dios ya ha hecho por el creyente y lo que aún le resta por hacer, se hace muy evidente al comparar el v. 23 con los vv. 14–17".[65] En los vv. 14-17, la "adopción

---

[61] Alonso Schökel, "Nuevo Testamento: Edición de Estudio", *Biblia del Peregrino*, 3:398.
[62] Clark y Humeniuk, *Romanos*, Comentario Bíblico Mundo Hispano, 143, 151.
[63] Fitzmyer, "Carta a los Romanos", en *Comentario bíblico san Jerónimo*, 166.
[64] Alonso Schökel, "Nuevo Testamento: Edición de Estudio", *Biblia del Peregrino*, 3:398.
[65] Moo, "Romanos", en *Nuevo comentario bíblico: siglo veintiuno*, versión electrónica de Libronix, 2000.

como hijos" es una acción que se presenta como ya realizada (v.16: "El Espíritu mismo le asegura a nuestro espíritu que somos hijos de Dios"), mientras que en el v.23 esta adopción tiene que ver con *la redención del cuerpo*, de manera que lejos de estar ya realizada, se establece como objeto de expectativa y esperanza.[66] Como lo señala el comentario *Siglo Veintiuno*: "Tal esperanza es la esencia misma de nuestra salvación. Por lo tanto, debemos esperar pacientemente lo que Dios ha prometido (24, 25)".[67]

Para ponerlo de otra forma, lo que Pablo está afirmando aquí es que los creyentes ya son hijos de Dios, pero que su condición de hijos no ha sido manifestada. Han sido adoptados, pero su adopción será públicamente proclamada al volver Cristo.[68] Esta proclamación pública es en el v. 23 la redención del cuerpo, y consiste en la transformación de los cuerpos en el retorno de Cristo, lo cual implicará la liberación final de la vanidad y la corrupción (cp. 1 Cor. 15:54; Fil. 3:21).[69] Sería un error entonces traducir, como algunos lo hacen, "redención desde nuestro cuerpo".[70] La distinción de Pablo entre σῶμα (participación corporal del hombre en y con su entorno) y σάρξ (la pertenencia del hombre a y dependencia en el entorno y su sociedad) necesita ser valorada aquí.[71] Esto significa también que σῶμα en v. 23 tiene el mismo significado que en Romanos 6:6 y 7:24, y tiene que ver con la humanidad en esta *era*, humanidad que será transformada cuando esta *era* sea transformada con toda la creación, a una nueva creación con una nueva humanidad (σῶμα πνευματικόν- 1 Cor. 15:44, Fil. 3:21).[72]

---

[66] Para una discusión relacionado con la crítica textual de υἱοθεσίαν e interpretaciones alternativas, ver Fitzmyer, "Carta a los Romanos", en *Comentario bíblico san Jerónimo*, 166. Con todo, la posición expresada en este trabajo se considera la más razonable.

[67] Moo, "Romanos", en *Nuevo comentario bíblico: siglo veintiuno*, versión electrónica de Libronix, 2000.

[68] Hendriksen, *Comentario al Nuevo Testamento: Romanos*, 303.
[69] Clark y Humeniuk, *Romanos*, Comentario Bíblico Mundo Hispano, 152.
[70] Dunn, *Romans 1-8*, Word Biblical Commentary, 475.
[71] Ibíd.
[72] Ibíd.

2.4 1 Corintios 15:12-57

Sin lugar a dudas este es un pasaje central en la escatología del Nuevo Testamento. Lo que Pablo está presentando aquí es la enseñanza sobre la resurrección corporal futura de los creyentes. Es importante entender que en Corinto no era la resurrección de Cristo lo que se estaba negando, sino la resurrección corporal del cristiano, influenciados muy probablemente por la doctrina platónica de la inmortalidad del alma.[73] "Para la mentalidad del siglo I la inmortalidad del alma era algo incuestionablemente cierto para la mayoría de los paganos. La resurrección del cuerpo les parecía absurda (cp. Hch. 17:32)".[74] Es muy posible que un gran número de cristianos en Corinto hayan creído en la doctrina de la inmortalidad del alma, y entonces hayan concebido la vida eterna en términos de esa inmortalidad, con las implicaciones que esa doctrina tenía.[75] Como resume el comentario *Siglo XXI:*

> El paganismo popular argumentaba que los sentidos que rodeaban al alma inmortal eran dados por la naturaleza, pero no podrían disfrutarse después de la tumba... Se creía que la forma en que el cristiano vivía en esta vida no importaba demasiado, y que la seguridad de la inmortalidad era la esencia del evangelio y lo único que verdaderamente contaba.[76]

---

[73] "Si negaban la resurrección de los muertos, no sería por influjo saduceo (improbable en aquella región), sino más bien por una concepción dicotómica griega: si en la muerte el 'alma' se libera del 'cuerpo', ¿Qué sentido tiene recuperarlo, encerrarse o enterrarse otra vez en el?". Alonso Schökel, "Nuevo Testamento: Edición de Estudio", *Biblia del Peregrino*, 3:441.

[74] Bruce Winter, "1 Corintios", en *Nuevo comentario bíblico: siglo veintiuno* (1999), versión electrónica de Libronix, 2000.

[75] Es posible que algunos no hayan rechazado la doctrina de la resurrección, "sino que la reinterpretaban diciendo que la resurrección de Cristo fue espiritual. Enseñaban que con Cristo ellos también habían sido resucitados de los muertos el día en que fueron bautizados. De esta forma, para ellos la resurrección era un asunto que ya había acontecido y algo que tenía una importancia transitoria. No creían que fuese una doctrina fundamental de la fe cristiana y, por tanto, estaban en peligro de separarse de la iglesia". Simon J. Kistemaker, *Comentario al Nuevo Testamento: 1 Corintios* (1998), 589.

[76] Winter, "1 Corintios", en *Nuevo comentario bíblico: siglo veintiuno*, versión electrónica de Libronix, 2000.

Pablo rechaza terminantemente esta visión de una esperanza cristiana que no incluya el cuerpo,[77] argumentando por un lado que sin la resurrección de Cristo no habría evangelio, y por otro lado que como Cristo había resucitado, era lógico esperar que ocurra lo mismo con los cristianos. Esta verdad tiene consecuencias éticas, como se ve en los vv. 32-34. Finalmente, el apóstol dedica una gran sección a explicar la naturaleza del cuerpo resucitado del cristiano (probablemente debido a la complejidad que entrañaba esta idea para la mente griega) en los vv. 35–57".[78]

En los vv. 12-28 el Apóstol declara que "la resurrección de Cristo es el acontecimiento cumbre de la historia de la salvación y de la victoria del hombre sobre el pecado, Satanás y la muerte. Adán trajo la muerte, Cristo trae la resurrección de los muertos".[79] "El cristiano, incorporado a Cristo por el bautismo, participa de su vida resucitada. Esta participación, que es el fruto final de la redención de Cristo, tendrá plena realización para el cristiano en la παρουσία del Señor, cuando los muertos resuciten para la gloria".[80]

En 15:12, la palabra que se usa para indicar que Cristo ha resucitado de los muertos es el verbo *perfecto pasivo* ἐγήγερται. "El tiempo perfecto del verbo *levantar* indica que la resurrección de Cristo, que ocurrió en el pasado, tiene un significado permanente para el presente. Habiendo conquistado la muerte, Jesucristo jamás tendrá que enfrentarla de nuevo".[81] Por su parte, para hablar de la "resurrección" de los muertos usa la palabra ἀνάστασις.

Este sustantivo se deriva de ἀνίστημι (=pararse), no de ἐγείρω (=levantarse). Un estudio más cuidadoso muestra que *egeirō*, especialmente cuando aparece en la voz pasiva, se usa

---

[77] Es importante resaltar este punto. "En el pasaje Pablo no propone ni supone la doctrina griega de la supervivencia del alma, separada=liberada del cuerpo". Alonso Schökel, "Nuevo Testamento: Edición de Estudio", *Biblia del Peregrino*, 3:441.

[78] Winter, "1 Corintios", en *Nuevo comentario bíblico: siglo veintiuno*, versión electrónica de Libronix, 2000.

[79] Richard Kugelman, "Primera carta a los Corintios", en *Comentario bíblico san Jerónimo: Nuevo Testamento II* (1972), 4:57-58.

[80] Ibíd.

[81] Kistemaker, *Comentario al Nuevo Testamento: 1 Corintios*, 589.

predominantemente para lo que pasó el domingo de resurrección, para indicar el levantamiento a la vida del Crucificado, mientras que *anhistēmi* y *anastasis* se refieren más específicamente a las resurrecciones que Jesús realizó en su ministerio terrenal y a la resurrección universal y escatológica.[82]

Simon Kistemaker expone la enseñanza paulina de los vv. 13-19 de manera clara y sucinta:

> La lógica del discurso paulino es irresistible. Argumenta que si Cristo todavía está en la tumba fuera de Jerusalén, entonces el contenido de su predicación no es más que palabras vacías y tanto él como los otros apóstoles son unos charlatanes. Más todavía, la fe de aquellos que escuchan a Pablo y a sus compañeros es vana. Nada bueno sacan él y los que le escuchan, si lo que tienen que creer es una mentira que es necesario perpetuar.[83]

Otra observación importante surge del v. 26: "El último enemigo que será destruido es la muerte". Este último enemigo, personificado en la muerte, finalmente será destruido. Aquí "no se refiere al cuerpo humano, como opinaban algunos corintios, sino al destructor mismo de esos cuerpos, es decir, la muerte".[84] Luego en vv. 35-36:

> Pablo emplea la forma griega de argumentación conocida con el nombre de διατριβη; para lo cual imagina un objetor que pregunta: "¿Cómo resucitarán los muertos? ¿Con qué clase de cuerpo vendrán?", al que refuta usando un epíteto corriente en ese género literario: "¡Necio!". La misma naturaleza demuestra que la muerte de una simiente no es un obstáculo, sino la condición para pasar a una vida más elevada y rica.[85]

---

[82] Lothar Coenen, *NIDNTT*, 276, citado por Kistemaker, *Comentario al Nuevo Testamento: 1 Corintios*, 601.

[83] Kistemaker, *Comentario al Nuevo Testamento: 1 Corintios*, 591.

[84] David K. Lowery, "1 y 2 Corintios", en *El conocimiento bíblico: Un comentario expositivo*; Nuevo Testamento: 1 Corintios-Filemón (1996), 3:62.

[85] Kugelman, "Primera carta a los Corintios", en *Comentario bíblico san*

En cuanto al modo de resurrección, en vv. 35-44, dada la complejidad del tema, el apóstol se limita a ofrecer comparaciones. "Las comparaciones ilustran dos cosas: el cambio radical del estado del cuerpo y la variedad individual".[86] Lo que Pablo pretende con estas comparaciones es que sus lectores entiendan que habrá nueva modalidad de naturaleza física contrapuesta al cuerpo actual, de la misma forma que el cuerpo actual se contrapone a un fantasma.[87] En vv. 42-44 cuatro antítesis ilustran las propiedades nuevas del cuerpo resucitado (corrupción vs. incorrupción, oprobio vs. gloria, debilidad vs. poder, natural vs. espiritual). El resumen de los pares opuestos es *cuerpo natural* (σῶμα ψυχικόν) y *cuerpo espiritual* (σῶμα πνευματικόν) (v. 44). Hay alguna dificultad en delinear el significado paulino de las palabras que acompañan a σῶμα, y a menudo han sido erróneamente interpretados. "La diferencia no es entre lo *material* y lo *inmaterial*, por cuanto un "cuerpo inmaterial" es una contradicción directa en términos; tampoco entre un cuerpo *físico* y uno *espiritual*, lo cual envuelve la misma contradicción".[88] La distinción debe hacerse en base a la diferencia fundamental entre ψυχή y πνεῦμα (como נֶפֶשׁ y רוּחַ en el hebreo).[89] ψυχικόν transmite la idea de aquello que caracteriza la vida en este mundo, concepto que va más allá del mero hecho de la existencia biológica.[90] El apóstol regularmente usa esto para designar lo que se contrasta con el mundo sobrenatural (caracterizado por πνεῦμα); así que no hay contradicción aquí. El cuerpo *natural* es el cuerpo compuesto de elementos naturales sin ninguna cualidad divina o sobrenatural.[91] Por contraste el cuerpo que

---

Jerónimo, 4:59.

[86] Alonso Schökel, "Nuevo Testamento: Edición de Estudio", *Biblia del Peregrino*, 3:442.

[87] Wright, *Sorprendidos por la esperanza*, 216.

[88] James Strong, *The Doctrine of a Future Life: From a Scriptural, Philosophical, and Scientific Point of View* (1981), 81. Ver también Kistemaker, *Comentario al Nuevo Testamento: 1 Corintios*, 627.

[89] Ibíd.

[90] William F. Orr y James Arthur Walther, *I Corinthians*, The Anchor Bible 32 (1977), 347.

[91] En este mismo sentido se tiene en el v. 47 la expresión ἐκ γῆς, que es lit. "de la tierra", y es equivalente a "terrenal". "Lo esencial allí es la cualidad específica de la tierra; en contraste con ἐξ οὐρανοῦ (del cielo o celestial)". F. Blass y A. Debrunner, *A Greek Grammar of the New Testament and Other Early Christian*

resucitará es *espiritual*, es decir, compuesto de espíritu, o bajo la regla o poder del Espíritu de Dios, o con ambos sentidos.[92] De manera que "la participación del cuerpo queda vigorosamente afirmada en este pasaje".[93]

En el v. 51 Pablo usa el término μυστήριον (misterio) para hablar de la transformación que los creyentes experimentarán en el futuro. "La palabra 'misterio' connota una cosa incomprensible para la mente humana, pero a la vez una cosa revelada y hecha comprensible por Dios".[94] De manera que el apóstol esperaba que sus lectores comprendieran y asimilaran su enseñanza, aun cuando ésta podía ir en contra de lo que habían aprendido antes de convertirse al cristianismo. En el v. 53, refiriéndose al cuerpo, Pablo declara que lo corruptible tiene que revestirse de lo incorruptible, y lo mortal, de inmortalidad (ἀθανασίαν)". Al respecto de este último término, y del concepto que trae consigo, las palabras del comentario *Mundo Hispano* son pertinentes:

> El uso que Pablo le da es radicalmente diferente al uso común entre los griegos. Éstos creían en la inmortalidad del alma, como si ésta fuera inmortal por naturaleza. Esta era una de las razones por las que los corintios resistían tanto la doctrina de la resurrección del cuerpo. Para Pablo, sí existe la inmortalidad, pero sólo Dios es inmortal por naturaleza. Si el hombre llega a ser inmortal es porque Dios mismo le ha conferido la

---

Literature (1970), 132.

[92] Orr y Walther, *I Corinthian*, The Anchor Bible, 347. Ver también Kugelman, "Primera carta a los Corintios", en *Comentario bíblico san Jerónimo*, 4:60.

[93] Alonso Schökel, "Nuevo Testamento: Edición de Estudio", *Biblia del Peregrino*, 3:443. Un detalle adicional es que el contraste entre el cuerpo natural y el espiritual es introducido por una oración condicional. Esta oración condicional señala una relación lógica de evidencia-inferencia. La relación lógica es inductiva, la prótasis presenta la evidencia y la apódosis presenta la conclusión o la inferencia basada en la evidencia. El cuerpo físico no causa el espiritual, sino que Pablo infiere que ha de existir un cuerpo espiritual, basándose en la evidencia de que existe un cuerpo físico. De manera que para el Apóstol la idea de un futuro incorpóreo es absurda. Ver Daniel Wallace, *Gramática griega: Sintaxis del Nuevo Testamento* (2011), 544.

[94] Roberto Fricke y Gustavo Sánchez, "1 Corintios", en *1 y 2 Corintios*, Comentario Bíblico Mundo Hispano 20 (2003), 196.

inmortalidad. Ésta sólo puede proceder de Dios como un regalo de su gracia. Los judíos sabían esto bien, y por ello son los que insisten en la resurrección. Pablo, como buen judío, recalcaba esta doctrina como totalmente imprescindible. En la misma expresión de Pablo en este versículo es preciso ver su uso de la llamada voz pasiva, "sea vestido". La voz pasiva en el español siempre combina el verbo ser con el participio pasado. Lo que esta construcción siempre indica es que la acción realizada sobre uno es ejecutada por otro. En este caso es Dios quien ha de vestir a los suyos de incorrupción (en el caso de los difuntos) e inmortalidad (en el caso de los vivos) en el retorno de Cristo.[95]

En resumen, la enseñanza de Pablo en este pasaje es que en el más allá, en la vida eterna, el cristiano gozará de un cuerpo, el cual será parecido al que tiene actualmente, pero a la vez diferente. De modo que una eternidad de tipo puramente "espiritual", al modo de la filosofía platónica, no puede ser sostenida desde la enseñanza paulina. Esto, a la luz del análisis de este libro, termina siendo un gran respaldo al modelo de nueva creación.

2.5 2 Corintios 5:1

En este pasaje, Pablo escribió que "de hecho, sabemos que si esta tienda de campaña en que vivimos se deshace, tenemos de Dios un edificio, una casa eterna en el cielo, no construida por manos humanas". En cuanto al contexto del versículo, Kistemaker observa:

> Los diez primeros versículos de este capítulo tienen sus raíces en la discusión de Pablo sobre las vasijas de barro (4:7), la resurrección (4:13–15) y lo visible y lo invisible (4:18). Su discurso sobre el hogar del creyente junto al Señor, es el clímax de esta extensa y complicada discusión. Sin embargo, esto no quiere decir que dicho clímax sea claro, breve y acertado.[96]

En el caso de este pasaje, la división de versículos que se tiene

---

[95] Ibíd., 197.
[96] Simon J. Kistemaker, *Comentario al Nuevo Testamento: 2 Corintios* (2004), 187.

es un tanto inadecuada, "ya que 5:1–10 es un solo bloque de pensamiento con 4:16–18. El no apreciar este hecho, complica innecesariamente estos ya de por sí difíciles versículos, al removerlos de sus restricciones contextuales".[97] De manera más específica, en 5:1-5, se continúa (en especial por el γάρ al inicio del v.1) la exposición iniciada en 4:7: "Pero tenemos este tesoro en vasijas de barro para que se vea que tan sublime poder viene de Dios y no de nosotros".[98] Pablo continúa con su argumento en relación al contraste entre lo temporal y lo permanente, lo visible y lo invisible. Para seguir el contraste, el Apóstol describe en 5:1 la antítesis del cuerpo presente del cristiano con el futuro.[99]

El v.1 comienza con el verbo Οἴδαμεν ("sabemos"). Como en 4:18, es una primera persona plural inclusiva, es decir, incluye a todos los cristianos, no solo a los apóstoles.[100] Usa este verbo "para recordarles a los corintios la doctrina que él mismo les enseñó, primeramente, en persona, y luego con su correspondencia. Su enseñanza no está ni en discrepancia ni es diferente de la que les enseñó en 1 Tesalonicenses 4, y 1 Corintios 15".[101] Aquí Kistemaker hace una importante observación:

> Nada en los primeros escritos de Pablo entra en conflicto con su discurso actual, como tampoco se puede detectar un desarrollo gradual de la doctrina de la resurrección. Este capítulo no aporta prueba alguna de que él haya tenido que corregir o cambiar su enseñanza inicial.[102]

A continuación el apóstol habla de la "tienda de campaña en que vivimos". "La vida en tiendas recuerda a los israelitas la vida patriarcal y el camino por el desierto".[103] También los gentiles utilizaban la figura de la tienda cuando querían señalar la condición

---

[97] Lowery, "1 y 2 Corintios", en *El conocimiento bíblico*, 3:88.
[98] Ralph P. Martin, *2 Corinthians*, Word Biblical Commentary 40 (1986), 97.
[99] Ibíd.
[100] Victor Paul Furnish, *II Corinthians*, The Anchor Bible 32A (1984), 263.
[101] Kistemaker, *Comentario al Nuevo Testamento: 2 Corintios*, 188.
[102] Ibíd.
[103] Alonso Schökel, "Nuevo Testamento: Edición de Estudio", *Biblia del Peregrino*, 3:454-55.

mortal de los cuerpos humanos.[104] En el griego se usa el adjetivo ἐπίγειος ("terrenal") para referirse a la tienda. En cada caso donde Pablo lo usa, se contrasta con lo que es celestial (cp. 1 Cor. 15:40 [dos veces], Fil. 2:10, 3:19,20).[105] No significa "hecho de tierra" sino "perteneciente a este estado terrenal".[106] Así que no puede quedar dudas que Pablo se refiere al cuerpo cuando habla aquí de la tienda.

Ese cuerpo terrenal se contrasta con el edificio de Dios (οἰκοδομὴν ἐκ θεοῦ), que según el apóstol, los creyentes *tienen*. Ahora bien, dado que hay un claro contraste entre la tienda terrenal y el edificio celestial, ¿por qué el Apóstol usa el presente "tenemos" (ἔχομεν)? Una posible explicación es que "los escritores del Nuevo Testamento con frecuencia escribían en tiempo presente, pero con un significado futuro, el cual se determina por el contexto".[107] En este caso ἔχομεν "se usa con un sentido futuro de duración (la condición que introduce ἐάν es futura en cuanto a concepto, pero la conclusión es una realidad presente; tal es la confianza que tiene Pablo en la bienaventuranza del cielo)".[108]

En cuanto al pensamiento paulino, el comentario *Mundo Hispano* presenta una interesante cuestión:

> Hay quienes detectan un cambio en la forma de pensar de Pablo, contrastando el contenido de este pasaje con el de 1 Corintios 15, donde se habla de que el creyente recibe su cuerpo espiritual en la resurrección. Aquí parece que el Apóstol está insinuando que el cuerpo espiritual será recibido cuando el individuo muera.[109]

---

[104] John J. O'Rourke, "Segunda carta a los Corintios", en *Comentario bíblico san Jerónimo: Nuevo Testamento II* (1972), 4:73.
[105] Furnish, *II Corinthians*, The Anchor Bible, 264.
[106] Ibíd.
[107] Kistemaker, *Comentario al Nuevo Testamento: 2 Corintios*, 190.
[108] A. T. Robertson, *A Grammar of the Greek New Testament in the Light of Historical Research* (1934), citado en Hanna, *Ayuda gramatical*, 475.
[109] Thomas W. Hill y Edgar Baldeón, "2 Corintios", en *1 y 2 Corintios*, Comentario Bíblico Mundo Hispano 20 (2003), 246.

Kistemaker también nota este asunto en su comentario:

> ¿Es una casa de Dios el cuerpo de resurrección que los creyentes reciben en el momento de su muerte? Si esto es así, debemos contar, entonces, con tres cuerpos sucesivos: uno terrenal, otro intermedio, y un tercero resucitado o transformado. Pero, ¿por qué tendrían que resucitar los muertos, cuando Jesús vuelva, si ya se les ha dotado de un cuerpo de resurrección?[110]

Al parecer el dilema con el que Pablo está lidiando aquí es el tema de la existencia corporal en el *intervalo* entre la muerte del cuerpo físico y su resurrección como un nuevo "cuerpo espiritual". Aunque este último ha sido descrito en 1 Corintios 15:35-50, nada se ha discutido allí del *intervalo* entre la "siembra" del antiguo cuerpo y la "cosecha" del nuevo.[111] Hay muchas opiniones diferentes acerca de los detalles de la respuesta de Pablo a esta pregunta, pero al parecer la mayoría está de acuerdo al menos que el tema aquí es el destino del cuerpo al morir.[112] Así que la imagen en 5:1 puede ser entendida de manera individual y antropológica: la *tienda terrenal* es el cuerpo físico el cual es *destruido* cuando algún individuo muere, y el *edificio de Dios... eternal en los cielos* es el nuevo cuerpo inmortal, el cual es dado en lugar del anterior. Hasta aquí el acuerdo general. Lo que no queda claro es si ese cuerpo inmortal es dado al momento de la muerte o al final de la *era*.[113] Para el autor de este libro, lo más razonable de acuerdo a los pasajes estudiados previamente, parece ser lo que afirma Kistemaker: "Pablo dice que si él muriera antes de la venida de Cristo, su alma entraría y estaría en el cielo sin su cuerpo hasta la resurrección, en la hora de la consumación".[114] Así que, lo más probable es que 2 Corintios 5 no establezca "una revisión radical de la escatología de Pablo, porque quedan las tres cosas esenciales de la misma: la segunda venida (*parousia*), la resurrección y el juicio de

---

[110] Kistemaker, *Comentario al Nuevo Testamento: 2 Corintios*, 191.
[111] Furnish, *II Corinthians*, The Anchor Bible, 292.
[112] Ibíd.
[113] Ibíd.
[114] Kistemaker, *Comentario al Nuevo Testamento: 2 Corintios*, 192.

los seres humanos".¹¹⁵ Como nota el comentario *Mundo Hispano*:

> Es dudoso que Pablo hubiera cambiado su doctrina tan radicalmente, ya que él quedaría propenso a la acusación de sus enemigos de que era inconstante, y eso no era lo que él deseaba. De verdad, no cambió su teología básica de su creencia en la parousia, resurrección y nueva habitación. Simplemente ajustó su pensamiento a la realidad de su propia mortalidad y muerte eminente.¹¹⁶

Lo seguro es que Pablo aquí también rechaza el punto de vista dualista platónico, en donde el cuerpo es la prisión del alma, y en el estado perfecto el alma se terminará librando del cuerpo. Al contrario, Pablo argumenta que "no habrá una existencia eterna como espíritus desencarnados, sin cuerpo, sino que en la παρουσία se recibirán unos cuerpos de distinta naturaleza a los que se poseen ahora; estos cuerpos serán inmortales e invulnerables al sufrimiento".¹¹⁷ Con todo, lo más probable es que el apóstol enfatice en este pasaje las características de la nueva habitación en lugar de la habitación en sí.¹¹⁸

2.6 1 Tesalonicenses 4:17

"Luego los que estemos vivos, los que hayamos quedado, seremos arrebatados junto con ellos en las nubes para encontrarnos con el Señor en el aire. Y así estaremos con el Señor para siempre". Este pasaje es parte de una sección que comienza en v.13, y termina en el v.18. "Cuando Pablo escribe esta epístola, han pasado aproximadamente veinte años de la muerte de Jesús, y los cristianos viven expectantes aguardando 'el día del Señor'".¹¹⁹ Pero, ¿qué será

---

[115] Hill y Baldeón, "2 Corintios", en *1 y 2 Corintios*, Comentario Bíblico Mundo Hispano, 247.

[116] Ibíd.

[117] O'Rourke, "Segunda carta a los Corintios", en *Comentario bíblico san Jerónimo*, 4:73-74.

[118] Martin, *2 Corinthians*, Word Biblical Commentary, 103. Para una discusión extensa sobre los significados de la tienda terrenal y el edificio de Dios, ver Furnish, *II Corinthians*, The Anchor Bible, 292-95.

[119] Alonso Schökel, "Nuevo Testamento: Edición de Estudio", *Biblia del Peregrino*, 3:524.

de los cristianos que han muerto en esos dos decenios? En torno a este interrogante gira la sección. Pablo responde que esos muertos "se levantarán", resucitarán (v. 16). El "sujeto son las personas: no entra en juego la supervivencia de almas separadas, al estilo de la dicotomía griega".[120]

Pero no solo los muertos resucitarán, sino que los que estén vivos, que hayan quedado, serán arrebatados (ἁρπαγησόμεθα). Como observa Hendriksen:

> "Por el hecho de separar los vv. 16 y 17, muchos intérpretes no han podido comprender el verdadero significado del pasaje. Al escribirlos y leerlos juntos se observa de inmediato que aquí se hallan los dos grupos de creyentes que ya se han mencionado en el v. 15".[121]

De manera que la resurrección que se presenta en este pasaje es de los cristianos, y aunque nada se dice aquí de cómo será la *transformación* de οἱ ζῶντες οἱ περιλειπόμενοι ("los que estemos vivos, los que hayamos quedado") para hacerlos aptos a las condiciones de su nueva existencia; lo que parece lógico es pensar que ellos también resucitarán.[122]

En el v. 16 se tiene una descripción parcial de la παρουσία, la cual está expresada en lo que parecen ser las ideas cosmológicas de la época ("El Señor mismo descenderá del cielo con voz de mando, con voz de arcángel y con trompeta de Dios"). En estas ideas el cielo está situado arriba de la tierra, y por eso el Señor desciende; de modo que para que los cristianos se encuentren con su Señor, deben subir por el aire.[123] En el v.17 se menciona que este encuentro será ἐν νεφέλαις εἰς ἀπάντησιν τοῦ κυρίου εἰς ἀέρα ("en las nubes para encontrarnos con el Señor en el aire"). "Este 'salir al encuentro del Señor' puede ser un eco de la recepción que se hacía a los reyes en el mundo

---

[120] Ibíd.
[121] William Hendriksen, *Comentario al Nuevo Testamento: 1 y 2 Tesalonicenses* (2007), 134.
[122] Pablo trata con esta cuestión después, en 1 Cor. 15:50-52. F. F. Bruce, *1 and 2 Thessalonians*, Word Biblical Commentary 45 (1982), 102.
[123] J. Terrence Forestell, "Cartas a los Tesalonicenses", en *Comentario bíblico san Jerónimo: Nuevo Testamento I* (1972), 3:587.

helenístico".[124] Cuando un dignatario realizaba una visita oficial (el término que se usaba para esta visita era παρουσία) a una ciudad en tiempos helenísticos, lo que hacían los líderes de la ciudad era salir afuera de la ciudad a encontrarse con el dignatario, para luego escoltarlo de vuelta en el final de su viaje. Este encontrarse afuera era llamado ἀπάντησις (que es la palabra que se usa en v. 17 para "encontrarnos").[125] Esta analogía (especialmente en asociación con el término παρουσία) sugiere la posibilidad que Pablo imagina al Señor escoltado por su pueblo en lo que resta de su viaje a la tierra durante su segunda venida.[126] Esta es sin duda una buena explicación de este pasaje, pero que debe ser matizada, ya que no hay nada en la palabra ἀπάντησις o en este contexto que *demande* esta interpretación;[127] y por consiguiente no se puede determinar de este pasaje si el Señor (con su pueblo) continúa su viaje a la tierra o retorna al cielo.[128] Sin embargo, y como observa Eugenio Green, el hecho que no se dé ninguna explicación de dónde será este "estar con el Señor para siempre", y dado el trasfondo del término ἀπάντησις, parece razonable pensar que los tesalonicenses entendieron que Jesús iba a continuar su παρουσία a la tierra.[129] De modo que si se acepta la analogía, entonces "el ceremonial helenístico suministra quizá los elementos para trazar un concepto estrictamente religioso: la reunión de los cristianos con su rey, Cristo".[130] Pero lo que es relevante destacar, con miras al objetivo de esta tesis, es que el encuentro con el Señor no será de almas incorpóreas que estarán con el Señor en un cielo etéreo,

---

[124] Ibíd., 3:588.

[125] Bruce, *1 and 2 Thessalonians*, Word Biblical Commentary, 102. Se puede ver en este comentario varios ejemplos del uso de ἀπάντησις en los escritos griegos antiguos.

[126] Ibíd., 103.

[127] Ibíd.

[128] Ibíd. En la interpretación dispensacional el evento descrito aquí se lo identifica como el "arrebatamiento" de la Iglesia, y se lo distingue de la segunda venida de Cristo, mostrando que son dos sucesos diferentes, separados en el tiempo. En el arrebatamiento se produce un regreso al cielo, y luego de un periodo se tiene la segunda venida de Cristo a la tierra. Ver Thomas L. Constable, "1 Tesalonicenses", en *El conocimiento bíblico: Un comentario expositivo; Nuevo Testamento: 1 Corintios-Filemón* (1996), 3:268.

[129] Eugenio Green, *1 y 2 Tesalonicenses* (2000), 229.

[130] Forestell, "Cartas a los Tesalonicenses", en *Comentario bíblico san Jerónimo*, 588.

sino que primero habrá una resurrección, y luego se producirá el encuentro con el Señor.[131]

Otros detalles que valen la pena mencionar es, en primer lugar, que en el v. 14:

> Pablo establece la resurrección de Jesús como la base para la expectativa de la resurrección de los creyentes. La apocalíptica judía y la mayor parte de la nación judía profesaban la fe en una futura resurrección de los muertos. Sin embargo, Pablo realiza una corrección al anuncio apocalíptico de la resurrección de los muertos. Esta corrección consiste en que el mensaje de la resurrección de los muertos se centra en la resurrección de Cristo como fundamento de la esperanza del cristiano y causa de la resurrección de estos. La resurrección en cuanto acontecimiento que transforma la historia es predicada como un hecho ya acontecido en un sujeto de la historia humana. De tal manera que el cristiano vive en adviento a la espera de su Señor.[132]

En segundo lugar, en el v. 15, el apóstol aclara que su enseñanza sobre la resurrección es "conforme a lo dicho por el Señor". No es descabellado pensar que el tema de la resurrección de los muertos pudo haber significado un problema para la fe de algunos cristianos. Y quizá por esa razón:

> Pablo insiste en que esta revelación procede de Cristo mismo y que su cumplimiento futuro es tan seguro como la resurrección de Cristo es un hecho que sucedió en la historia pasada. Dios, que creó el universo de la nada, sólo con el poder de su palabra, es completamente capaz de restaurar en un instante los cuerpos corrompidos de todos sus santos.[133]

---

[131] Al respecto, Green hace la interesante observación que según los conceptos comunes de esa época, "se creía que *el aire* estaba lleno de 'almas' (Diógenes Laercio 8:31, 32) y por contraste lo extraordinario de la afirmación de los apóstoles es que los resucitados y los vivos, y no simplemente sus almas, serán aquellos que encontrarán al Señor *en el aire*". Green, *1 y 2 Tesalonicenses*, 228.

[132] César Carbullanca Nuñez, "La escatología y la ideología de 1 Tes 4,13-18", *Revista de Interpretación Bíblica Latinoamericana* 62/1 (2009): 21.

[133] Constable, "1 Tesalonicenses", en *El conocimiento bíblico*, 3:267.

2.7 1 Pedro 1:3-5

Este pasaje corresponde al inicio de la carta que el apóstol Pedro escribió a los identificados como "extranjeros dispersos por el Ponto, Galacia, Capadocia, Asia y Bitinia". Como era común en su época, "Pedro inicia la carta dando gracias a Dios y alabándolo.[134] La razón específica por la que Pedro bendice a Dios en el v. 3 es la regeneración.[135] Esta regeneración, o nacer de nuevo (ἀναγεννήσας), se produce en los cristianos por medio de (διά) el gran suceso de la vida de Cristo, es decir, su resurrección.[136] Por su parte, este renacer es para (εἰς) una esperanza viva (ἐλπίδα ζῶσαν). Con "esperanza viva" es probable que Pedro quiera transmitir la idea de una esperanza por la cual uno puede vivir. Esta esperanza es la que alimenta el alma después del nuevo nacimiento con los nutrientes necesarios para una vida superior.[137]

Adicionalmente, el v. 4 establece que el nacer de nuevo es para (εἰς) recibir una herencia (κληρονομίαν). ¿En qué sentido es una herencia? "En el sentido de haberla recibido de otro, un patrimonio no ganado por esfuerzo propio, sino por la gracia de Dios".[138] A menudo esta palabra se refiere a la tierra de Canaán, prometida y dada a los israelitas como su hogar y propiedad, o a una porción particular de la tierra dada a tribus particulares.[139] El uso de Pedro de ella, sin embargo, está más cercanamente relacionada a pasajes del Nuevo Testamento que hablan de "heredar" (κληρονομέω), ya sea el reino o la vida eterna, o un equivalente.[140] Esto no descarta la idea que la herencia tenga que ver con algo terrenal (ver p. ejm. Mt. 5:5). Esta herencia es calificada por tres adjetivos, en donde cada uno a su manera apunta a que esta herencia es eterna. "En general, ἄφθαρτον refiere a la libertad de la muerte y decadencia, ἀμίαντον a la libertad

---

[134] Peter H. Davids, *La primera epístola de Pedro* (2004), 90.

[135] Ibíd., 91.

[136] Joseph A. Fitzmyer, "Primera epístola de san Pedro", en *Comentario bíblico san Jerónimo: Nuevo Testamento II* (1972), 4:277.

[137] Bo Reicke, *The Epistles of James, Peter, and Jude*, The Anchor Bible 37 (1978), 79.

[138] Cecilio McConnell y Hebert Palomino, "1 Pedro", en *Hebreos, Santiago, 1 y 2 Pedro, Judas*, Comentario Bíblico Mundo Hispano 23 (2006), 315.

[139] Ramsey J. Michaels, *1 Peter*, Word Biblical Commentary 49 (1988), 20.

[140] Ibíd.

de la suciedad o impureza moral, y ἀμάραντον a la libertad de los estragos naturales del tiempo".[141] Adicionalmente, el v. 4 aclara que esta herencia está reservada (τετηρημένην) en los cielos (ἐν οὐρανοῖς). El participio *perfecto pasivo* τετηρημένην subraya de manera indirecta la acción de Dios en preservar la herencia para su pueblo elegido, mientras que el tiempo perfecto puede indicar que la acción de Dios tuvo su inicio en la eternidad pasada.[142] Una observación importante aquí es que el hecho de que esta herencia esté reservada "en el cielo", no apunta *necesariamente* al lugar de destino de la herencia, sino que podría estar indicando la segura posesión final de ésta (cp. Gal. 5:5).[143] Como declara Peter Davids:

> el concepto de una recompensa asegurada por Dios mismo es muy común en el Nuevo Testamento (p. ej., Mt. 5:12; Fil. 3:20; Col. 1:5, 3:3; 2 Tim. 4:8). Aunque los enemigos de los cristianos destruyan todo lo que estos tienen en el mundo, les espera una recompensa que ninguna fuerza humana puede destruir. Esta herencia debería darles esperanza en medio de las dificultades.[144]

De modo que no sería para nada descabellado pensar que el pasaje quiere enfatizar la naturaleza indestructible de la herencia cristiana. Y en este aspecto hace sentido el contraste con una herencia terrenal, que puede ser asolada por la guerra, profanada por los enemigos o estropeada por el tiempo. En cambio esta herencia, en tanto celestial, es cien por ciento segura (cp. Col. 1,5.12; Lc. 12:33).[145] Esta interpretación de una herencia reservada en el cielo indicando la seguridad de ésta es muy probable, y aunque se reconoce que puede haber otras interpretaciones, la mencionada aquí parece altamente plausible.

En el v. 5 se evidencia "un equilibrio consciente entre la acción

---

[141] Ibíd., 21.
[142] Ibíd.
[143] Roger M. Raymer, "1 Pedro", en *El conocimiento bíblico: Un comentario expositivo; Nuevo Testamento: Hebreos-Apocalipsis* (1996), 4:92.
[144] Davids, *La primera epístola de Pedro*, 93.
[145] Fitzmyer, "Primera epístola de san Pedro", en *Comentario bíblico san Jerónimo*, 277.

de Dios en los cielos, protegiendo el futuro de los que ponen su confianza en Él, y su acción en la tierra, protegiéndoles en el presente".[146] La protección presente será hasta la salvación (σωτηρίαν) que se ha de revelar (ἀποκαλυφθῆναι) en el último tiempo (ἐν καιρῷ ἐσχάτῳ). Al ser futura, la salvación a la que aquí se refiere no es de ninguna manera la justificación por la fe, ni la adopción como hijos, ni siquiera la regeneración, elementos todos de la salvación ya presentes en el creyente, sino que apunta a la transformación del creyente y de la creación, al final de los tiempos, donde la presencia misma del pecado será suprimida. Por lo general, καιρός se refiere a un momento particular, no a una duración de tiempo. El punto de Pedro no es que καιρῷ ἐσχάτῳ es cuando la salvación está lista (ἑτοίμην) para ser revelada; su punto es que καιρῷ ἐσχάτῳ es el preciso momento cuando realmente será revelada.[147]

Así que este pasaje de Pedro apunta a una herencia segura del creyente (guardada en el cielo). Lo que *no* dice el apóstol aquí es que esa herencia consiste en un cielo donde las almas estarán en el futuro sin cuerpos, sino por el contrario, se podría inferir que la herencia tiene que ver con cuerpos resucitados habitando una nueva creación. Esta inferencia surge por un lado de la relación que existe entre la resurrección del creyente y la de Cristo, ya que aquella se fundamenta en ésta, y por otro lado en lo innegablemente importante que es el tema de la resurrección de Cristo en 1 Pedro, tal como lo observa Simon Kistemaker:

> Dos veces en esta breve epístola Pedro introduce enseñanzas acerca de la resurrección de Jesucristo (1:3; 3:21). Esta enseñanza, no cabe duda, es el eje de la religión cristiana. Cuando los once apóstoles se reunieron después de la ascensión de Jesús y antes del Pentecostés, ellos escogieron un sucesor a Judas Iscariote. Pedro, en su función de vocero, declaró que esa persona tenía que haber sido seguidora de Jesús desde el día de su bautismo hasta el momento de su ascensión, y que debía ser testigo de la resurrección de Jesús (Hch. 1:22). En su carácter de testigo ocular de la resurrección de Jesús, Pedro proclamó

---

[146] Davids, *La primera epístola de Pedro*, 93.
[147] Michaels, *1 Peter*, Word Biblical Commentary, 16.

esta verdad en su predicación ante la multitud reunida en Jerusalén para Pentecostés (Hch. 2:31). Al predicar ante la gente reunida en el Pórtico de Salomón, dijo que Dios había resucitado a Jesús de los muertos (Hch. 3:15; cf. 4:2, 33). Y finalmente, cuando Pedro habló en la casa de Cornelio en Cesarea, también enseñó la resurrección de Jesús (Hch. 10:40). Pedro dio testimonio de esta verdad durante todo su ministerio, tanto al predicar como al escribir.[148]

2.8   2 Pedro 3:13

Este pasaje se encuentra en una sección donde el Apóstol Pedro está respondiendo al tema del retraso de la segunda venida del Señor. La expectativa de los primeros cristianos era que el retorno de Cristo iba a ser durante su generación, y al pasar los años, y no producirse, empezaron a surgir burlas de parte de algunos sobre esta creencia. Pedro aclara aquí que el día del Señor está siendo postergado "a causa de la paciencia de Dios hacia los pecadores. Pero ese día llegará inesperadamente. Cuando los cielos y la tierra hayan sido destruidos, aparecerán un cielo nuevo y una tierra nueva; serán conocidos como 'la morada de la justicia'".[149]

El v. 13 dice que κατὰ τό ἐπάγγελμα αὐτοῦ ("según su promesa", donde "su" es una clara referencia a Dios, mencionado en v. 12), los creyentes esperan un cielo nuevo y una tierra nueva. La esperanza de un nuevo cielo y una nueva tierra está basada en Isaías 65:17; 66:22, la cual debe ser la "promesa" a la cual el versículo hace referencia, y que según el *Word Biblical Commentary* se encuentra a lo largo de la apocalíptica judía, y fue tomada en el cristianismo temprano (Mat. 19:28; Rom. 8:21; Ap. 21:1).[150] Además el comentario agrega que tanto en la apocalíptica judía, como en el caso de los pasajes del Nuevo Testamento, si bien hay un énfasis en la radical discontinuidad entre lo antiguo y lo nuevo, a la vez también es claro que se intenta

---

[148] Simon J. Kistemaker, Comentario al Nuevo Testamento: 1 y 2 Pedro y Judas (1994), 54.
[149] Ibíd, 399.
[150] Richard J. Bauckham, *Jude, 2 Peter*, Word Biblical Commentary 50 (1983), 326. En este comentario se detallan los pasajes en la apocalíptica judía donde se puede observar la referencia a la expectativa de nuevo cielo y nueva tierra.

describir un renuevo, no una abolición, de la creación.[151] Siguiendo con esta idea, entonces, en este pasaje el tiempo crítico de juicio no llevará a la destrucción y a la muerte en absoluto, sino a la novedad de vida, la cual se experimentará en una nueva tierra bajo un nuevo cielo.[152] Pedro enfatiza los adjetivos *nuevos* (καινούς) y *nueva* (καινήν) en su redacción (la expresión comienza y termina con ellos, καινούς δέ οὐρανούς καί γῆν καινήν). Literalmente él dice, "nuevos cielos y tierra nueva". Como apoyo de que la nueva creación será un renuevo de la vieja, y no algo totalmente nuevo, R. C. Trench hace la interesante observación que: "El adjetivo καινούς es utilizado al comparar lo antiguo con lo nuevo, como en el dicho 'Lo nuevo es mejor que lo viejo'. Esto se distingue del adjetivo νέους (nuevo, novedoso), que se refiere a algo 'que recién ha comenzado su existencia'".[153] De modo que "mediante el uso de este adjetivo Pedro enseña que la nueva creación proviene de la antigua. En otras palabras: la antigua ha dado nacimiento a la nueva".[154] Además, debe observarse que:

> los sustantivos *cielo* y *tierra* carecen de los artículos determinantes de manera que constituyen un par (ver v. 10). El término *cielo* se refiere a los cielos atmosféricos y no al ámbito de los santos glorificados. Ese ámbito no necesita renovación ya que no ha sido afectado por el pecado".[155]

Así que para Pedro, "el sistema cósmico antiguo cederá paso a los *cielos nuevos* y a una *tierra nueva*. Esto es con exactitud lo que esperan los creyentes (cp. vv. 12, 14)- no la destrucción del orbe".[156] Quizás los mayores problemas que se presentan para aceptar esta postura son las frases del v. 10: "... En aquel día los cielos desaparecerán con un estruendo espantoso, los elementos serán

---

[151] Ibíd.
[152] Reicke, *The Epistles of James, Peter, and Jude*, The Anchor Bible, 182.
[153] R. C. Trench, *Synonyms of the New Testament*, 220 (1953), citado en Kistemaker, *Comentario al Nuevo Testamento: 1 y 2 Pedro y Judas*, 390.
[154] Kistemaker, Comentario al Nuevo Testamento: 1 y 2 Pedro y Judas, 388.
[155] Ibíd.
[156] Kenneth O. Gangel, "2 Pedro", en *El conocimiento bíblico: Un comentario expositivo; Nuevo Testamento: Hebreos-Apocalipsis* (1996), 4:139.

destruidos por el fuego, y la tierra, con todo lo que hay en ella, será quemada", y del v. 12: "… Ese día los cielos serán destruidos por el fuego, y los elementos se derretirán con el calor de las llamas". Sin embargo, como nota Kistemaker:

> Las palabras, "los elementos se derritirán (*sic*) con el calor de las llamas" son un eco de la profecía de Isaías: "Todo el ejército de los cielos se disolverá" (34:4). Además, el Antiguo Testamento usa el verbo *derretir* al hablar de la disolución de la tierra (Sal. 46:6) y de la desaparición de las montañas (Mi. 1:4). Es lógico suponer que Pedro se basó en el lenguaje de estas profecías al escribir este texto.[157]

De modo que no necesariamente Pedro pensaba que literalmente el cielo y la tierra actual serían completamente destruidos, y se formaría un nuevo cielo y una nueva tierra de la nada, sino que, utilizando la forma pictórica de la profecía del Antiguos Testamento, intentaba inflamar la esperanza y mover a la acción a sus lectores (en el v. 10 estas declaraciones vienen después de la afirmación de la venida del día del Señor, y en el v. 12 ocurre después de una apelación ética).

En otro lugar, comentando la frase del v. 10 "y la tierra, con todo lo que hay en ella, será quemada", Kistemaker dice:

> Las traducciones de esta oración difieren a causa de las lecturas alternativas de los manuscritos griegos. La mayoría de las versiones tienen la traducción: "Y la tierra y las obras que hay en ella *serán quemadas*" (RV60) o algo parecido. Sin embargo, el texto griego más antiguo y difícil dice, "Quedará al descubierto". Una de las reglas exegéticas más sólidas es aceptar la lectura más difícil como original, ya que las otras lecturas más fáciles se derivan de ella. En este caso, la falta de claridad del verbo mismo ha dado pie a todas las otras variantes, hasta el punto en que algunos manuscritos griegos han omitido totalmente la última parte del versículo 10. Pero si tenemos en cuenta que el día del Señor es visto como el día del juicio final, el verbo *quedará desolada* probablemente significa que "la

---

[157] Kistemaker, *Comentario al Nuevo Testamento: 1 y 2 Pedro y Judas*, 387.

tierra y todas las obras del hombre aparecerán ante el tribunal de Dios".[158]

De modo que esta expresión tampoco implica necesariamente que Pedro pensara que la creación actual sería destruida completamente, así que la propuesta de una renovación de la actual creación en el horizonte escatológico no debe ser descartada tan fácilmente en este pasaje.

Adicionalmente, el pasaje declara que en este nuevo cielo y nueva tierra *habitará la justicia*. Como en los pasajes de Isaías y Apocalipsis,[159] "la justicia de la nueva creación tiene el doble aspecto de santidad de los que viven en ella y retribución de los malvados en el juicio precedente".[160] Además de esto, el autor no da detalles de cómo será el universo posterior al juicio, ni tampoco la relación física que habrá con el universo actual.[161] Es interesante notar que la única característica que el escritor considera importante es que será un mundo en el cual habitará la justicia. El *Word Biblical Commentary* opina que esta expresión es equivalente a "la voluntad de Dios será hecha siempre", y sigue a la corriente principal de la escatología judía y cristiana.[162] Además, el lugar predominante que se le atribuye a la justicia muestra que "el interés que se percibe en la escatología del Nuevo Testamento no es tanto presentar un mapa de los eventos del porvenir sino, más bien, mostrar cómo la esperanza debe transformar el presente",[163] lo cual es patente en Pedro (ver v. 14), y será el eje del próximo punto.

---

[158] Ibíd., 385.
[159] Pasajes que se analizan en este libro.
[160] Thomas W. Leahy, "Segunda epístola de san Pedro", en *Comentario bíblico san Jerónimo: Nuevo Testamento II* (1972), 4:602.
[161] Ibíd.
[162] Bauckham, *Jude, 2 Peter*, Word Biblical Commentary, 326. El autor menciona aquí varios pasajes donde se puede ver el tema de la justicia en la nueva era.
[163] Alberto F. Roldán y Rubén O. Zorzoli, "2 Pedro", en *Hebreos, Santiago, 1 y 2 Pedro, Judas*, Comentario Bíblico Mundo Hispano 23 (2006), 393.

2.9 Apocalipsis 21:1-22:5

Sin duda que este es uno de los pasajes claves a la hora de entender las ideas sobre el *más allá* contenidas en las Escrituras. Aquí en 21:1, luego del juicio final (en el cap. 20), Juan menciona que vio "un nuevo cielo y una nueva tierra". "La descripción de esta nueva creación es el punto culminante del libro".[164] El v. 1 añade además "porque el primer cielo y la primera tierra habían dejado de existir, lo mismo que el mar". Algunos opinan que esta declaración apoya la idea de que se trata de un cielo y tierra totalmente nuevos, y no los que actualmente se conocen pero renovados.[165] Si además se toma junto con la declaración de 20:11b, se hace difícil evitar la conclusión que el autor tiene en vista la *completa destrucción* del universo físico.[166] Sin embargo, otros eruditos piensan que un renuevo o transformación del universo es lo que se presenta aquí.[167] Estos opinan que:

> Dios no aniquilará el cielo y la tierra para luego crearlos de nuevo de la nada. En vez de ello los transformará en un proceso que equivale a llamar a los cuerpos inferiores de los santos para hacerlos como el cuerpo glorioso del Señor (Fil. 3:21). Del mismo modo que el cuerpo de Jesús fue transformado en su resurrección, así, cuando el Señor retorne, los cuerpos de su pueblo no serán aniquilados sino cambiados por completo y glorificados.[168]

La palabra *nuevo* (καινός) aparece nueve veces en Apocalipsis. De esas nueve veces, cuatro aparecen en el capítulo 21. Como ya se observó en el comentario de 2 Pedro 3:13, "este adjetivo transmite el significado de algo que es nuevo pero que tiene su origen en lo

---

[164] Jean-Louis D'Aragon, "Apocalipsis", en *Comentario bíblico san Jerónimo: Nuevo Testamento II* (1972), 4:588.

[165] John F. Walvoord, "Apocalipsis", en El conocimiento bíblico: Un comentario expositivo; Nuevo Testamento: Hebreos-Apocalipsis (1996), 4:264.

[166] David E. Aune, *Revelation 17-22*, Word Biblical Commentary 52C (1998), 1117.

[167] Ibid.

[168] Simon J. Kistemaker, *Comentario al Nuevo Testamento: Apocalipsis* (2004), 607.

anterior".[169] Como nota Kistemaker:

> El nuevo pacto surgió del antiguo; el nuevo mandamiento salió del antiguo; la nueva Jerusalén tiene su raíz en la antigua; el nuevo hombre es una transformación del viejo hombre; y el nuevo cielo y la nueva tierra se basan en los anteriores. De ahí que el nuevo cielo y la nueva tierra que aparecerán en la consumación no deben identificarse como un segundo cielo y una segunda tierra. Son cualitativamente diferentes de las anteriores por cuanto describen la morada santa y perfecta de Dios y de su pueblo.[170]

Esta morada perfecta de Dios y de su pueblo es lo que parece querer enfatizar Juan, ya que desde 21:2 hasta 22:5 lo que se describe es la "ciudad santa, la nueva Jerusalén". Según 21:2, esta ciudad *desciende del cielo*; por tanto, es de origen divino. "Dios es el arquitecto y constructor de la ciudad (ver Heb. 11:10)".[171] Pero el hecho que *descienda* da a entender que no estará en el cielo, sino en la nueva tierra.[172]

Además de la morada perfecta de Dios y de su pueblo, en el pasaje Juan enfatiza la relación que habrá entre Dios y sus santos. En 21:3 la Escritura afirma que Dios mismo (αὐτός ὁ θεός) estará con los

---

[169] Ibíd. "La palabra καινός, que significa 'cualitativamente nuevo', en general difiere del término νέος, que significa 'sin existencia previa'. Juan emplea el primer término en Apocalipsis pero nunca el segundo". Jörg Baumgarten, *EDNT*, 2:229, citado por Ibíd.

[170] Ibíd. Para una lista detallada de pasajes en el judaísmo antiguo que tratan el tema de la re-creación o renuevo de la creación, ver Aune, *Revelation 17-22*, Word Biblical Commentary, 1116-17.

[171] D'Aragon, "Apocalipsis", en *Comentario bíblico san Jerónimo: Nuevo Testamento II*, 588.

[172] Este parece ser el sentido más natural de las palabras. Contrario a esto, Darling opina que "la Biblia no dice que desciende hasta la tierra, ni hay motivo para suponer que estará en el tierra; por el contrario, se le llama *Jerusalén la celestial*, y la Palabra de Dios asegura que *tenemos de Dios un edificio, una casa no hecha de manos, eterna en los cielos*". Aunque no aclara más, al parecer Darling supone que será una ciudad suspendida en los aires, al mejor estilo de una ciudad flotante. Esta idea, que puede parecer descabellada, es el resultado del enfrentamiento entre lo que la Escritura afirma, y lo que por siglos la tradición ha venido enseñando. Darling, *Una puerta abierta en el cielo: Las cosas que han de ser después de estas*, 348.

hombres. "Cuando αὐτός está en una posición predicativa a un sustantivo articular, como es este caso, tiene la fuerza intensiva. En general, el uso intensivo de αὐτός enfatiza la identidad. Es una intensificación de la fuerza demostrativa".[173] Con esto se quiere enfatizar que en esta nueva creación no habrá la distancia que existe hoy entre un Dios santo y una humanidad pecadora, sino que las cosas volverán a ser como en el principio de la presente creación.

En 21:7 se registran las palabras de Cristo, afirmando que "el que salga vencedor heredará todo esto, y yo seré su Dios y él será mi hijo". "Esto otra vez expresa la relación íntima que habrá en el estado eterno entre los santos y Dios".[174] En 22:1-6 Juan está mostrando aspectos de la ciudad modelo en las concepciones tradicionales judías del Edén con sus tres características principales: el trono de Dios, el río, y el árbol de la vida.[175] Se debe destacar de manera especial 22:4, donde se menciona que los siervos de Dios lo verán (ὄψονται) cara a cara. Según A. T. Robertson, "ὄψονται tiene un sentido durativo (a diferencia del mismo verbo futuro ὀφθήσεται- *aparecerá*, pero con sentido ingresivo en Heb. 9:28)".[176] De manera que la idea que se transmite es de un continuo ver el rostro de Dios. Esto en sí:

> contiene un mensaje notable, porque en todas las Escrituras leemos que nadie puede ver el rostro de Dios y vivir. A Moisés se le permitió ver la espalda pero no su rostro (Éx. 33:20, 23). Nadie ha visto nunca a Dios (Jn. 1:18; 6:46; 1 Jn. 4:12), pero aquí Juan escribe que los santos glorificados verán su rostro.[177]

Juan menciona este ver el rostro de Dios en otra parte: "Cuando Cristo venga seremos semejantes a él, porque lo veremos tal como él es" (1 Jn. 3:2b; cp. Heb. 12:14). "Dios tiene con su pueblo una relación semejante a la que tuvo antes de la caída en el paraíso, cuando caminaba y conversaba con Adán y Eva en el frescor del día".[178]

---

[173] Wallace, *Gramática griega*, 251.
[174] Walvoord, "Apocalipsis", en *El conocimiento bíblico*, 4:266.
[175] Aune, *Revelation 17-22*, Word Biblical Commentary, 1187.
[176] Robertson, *A Grammar of the Greek New Testament*, 871.
[177] Kistemaker, Comentario al Nuevo Testamento: Apocalipsis, 637.
[178] Ibíd.

3. Evaluación de los Modelos de "Visión Espiritual" y "Nueva Creación"

Luego de haber considerado la historia de los modelos de visión espiritual y nueva creación, como así también los pasajes bíblicos que apoyan cada modelo, y los presupuestos teológicos y filosóficos detrás de cada uno; y después de analizar exegéticamente algunos pasajes claves de la Escritura en relación a estos modelos; se está en condiciones ahora de poder realizar una evaluación de los modelos, teniendo en cuenta algunos factores que se fueron mencionando durante el análisis. A continuación se detallan estos elementos, y en cada uno de ellos se realizan los aportes necesarios para clarificar la posición del autor del presente libro.

3.1 Hermenéutica

Como se mostró en el desarrollo histórico del modelo de visión espiritual, en el capítulo uno, fue Orígenes, quien con su manera "espiritual" de leer las Escrituras, levantó el modelo de visión espiritual a una posición dominante en el pensamiento cristiano. Esta forma de acercarse al texto sagrado todavía gozaba de buena salud en la segunda mitad del siglo pasado, sobre todo cuando se hablaba del cielo. Al respecto, Juan Zoller, en un libro sobre el cielo escrito en 1972, comenta que:

> Algunos de los escritores que se han ocupado de este tema, han espiritualizado casi todo lo que la santa Palabra nos dice acerca del cielo. No estoy de acuerdo con ellos. Yo creo que allí donde las afirmaciones de la Palabra de Dios están de acuerdo con el sentido común, deben ser aceptadas como cosas reales. Yo creo, como la mayoría de los mejores instructores bíblicos, que la descripción que el apóstol Juan nos da acerca de la ciudad de Dios debe ser aceptada de un modo literal, aparte de lo que no podemos entender de otro modo que como símbolos o figuras.[179]

---

[179] Juan Zoller, *El cielo* (1972), 3. Lo llamativo de este libro es que a pesar de esta crítica, el mismo autor no puede librarse de esa espiritualización hermenéutica,

Hablando específicamente del modelo de visión espiritual y la hermenéutica detrás del modelo, Blaising opina que:

> Hay muchos hoy día que creen que el modelo de la visión espiritual no se descubre en las Escrituras, y que la Biblia no lo apoya según los métodos histórico, gramático, y literario de interpretación que la mayoría de evangélicos consideran normativos... la afirmación central acerca del estado eterno de los redimidos y las descripciones del mismo no salen de una exégesis del texto, sino de las presuposiciones del intérprete.[180]

Tal como lo presenta Blaising, al parecer si uno sigue un método histórico, gramático, y literario de interpretar la Escritura, debería llegar al modelo de nueva creación. Por el contrario, si se opta por un método alegórico, se terminará en el modelo de visión espiritual. Sin embargo, el escritor de este libro considera que es necesario matizar estas conclusiones. En realidad, es muy inocente esta conclusión, ya que en la práctica esta polarización entre método *histórico-gramatical* o *alegórico* no es tal.[181] Un ejemplo puede aclarar este punto. En el evangelicalismo tradicional latinoamericano (cuya principal influencia ha sido el fundamentalismo norteamericano de principios del Siglo XX) se enfatizó la preeminencia de la salvación individual y espiritual sobre todo lo demás. Lo importante era llevar almas al cielo. Y *nada más*. De esta manera, el mensaje bíblico se alienó de la realidad concreta en que era predicado. Este evangelicalismo terminó asociándose con lo que se conoce como

---

y termina afirmando que la nueva tierra será el cielo final de los creyentes. Ver Ibid., 75.

[180] Blaising, "Premilenialismo", en *Tres puntos de vista del milenio y el más allá*, 184-85. Es necesario decir aquí que cada intérprete que se acerca al texto Bíblico viene con un juego de presuposiciones, llamado en la hermenéutica *pre-entendimiento*. Esto en si no representa un problema, siempre y cuando el intérprete sea consciente que tiene estas presuposiciones, y no trate de armonizar el texto Bíblico a ellas, sino viceversa.

[181] De hecho, en la actualidad hay otras metodologías hermenéuticas que no caben en ninguna de las dos categorías mencionadas, y que son de utilidad a la hora de interpretar el texto bíblico. Algunas de ellas se mencionan luego en esta sección.

dispensacionalismo.[182]

Alberto Roldán observa que:

> La corriente fundamentalista derivó en una identificación con el dispensacionalismo y es así como hoy continúa en las esferas eclesiásticas de algunas denominaciones. En general, no hay dentro de esta corriente estudios serios y profundos de la teología europea. Predomina un énfasis en las doctrinas clásicas con poco interés en la correlación del mensaje bíblico a la realidad concreta en la que está inmersa la iglesia.[183]

Lo que es importante destacar es que en la práctica, el dispensacionalismo tradicional parece haber aceptado las conclusiones del modelo de visión espiritual, relegando las conclusiones del modelo de nueva creación a un período de mil años solamente, después de la segunda venida de Cristo y antes del estado eterno.[184] Más llamativo aún es el hecho que uno de los pilares sobre el que se levanta el sistema dispensacional, es la afirmación que utiliza una hermenéutica histórico-gramatical de manera consistente.[185] Este tipo de contradicciones dentro un mismo sistema muestra que es muy simplista afirmar que un método histórico, gramático y literario llevará *necesariamente* a un modelo de nueva creación, mientras que uno alegórico llevará *necesariamente* al modelo de visión espiritual. A continuación se resumen algunas matizaciones necesarias en este asunto.

---

[182] El Dispensacionalismo es aquel sistema de interpretación de las Escrituras popularizado con la "Biblia Anotada de Scofield", y que sostiene que "Dios ha tratado con el hombre en forma diferente en las distintas edades; no en cuanto a la salvación, sino en cuanto a la regla de vida que Dios impone al hombre en una edad o época dada". J. F. McGahey, "El Dispensacionalismo: Su definición y defensa", 1996, http://ecb.galeon.com/03.pdf (consultado el 23 de mayo de 2012).

[183] Alberto F. Roldán, "Los caminos de la teología protestante en América Latina", *Kairós*, 14-15 (Enero-Diciembre 1994): 146.

[184] Estos mil años son denominados el "milenio", y están descritos en Ap. 20.

[185] A menudo a este tipo de hermenéutica se la refiere como la forma literal, clara o normal de interpretar la Escritura. Ver Charles C. Ryrie, *Dispensacionalismo hoy* (1974), 23.

3.1.1 Hermenéutica complementaria

Una primera matización que se debe realizar es que se puede interpretar la Biblia sin descartar la lectura original del texto bíblico, pero reconociendo varios niveles en la interpretación. Darrell Bock comenta que:

> Se puede leer un texto en más de un nivel... Estas lecturas que reconocen varias "capas" no son lecturas alegóricas o espiritualizadas, sino que sencillamente reflejan la profundidad y diversidad del mensaje bíblico, a medida que más y más del contexto literario se toman en cuenta. Además, esta clase de lectura no descarta la lectura original, sino que es una lectura complementaria. En otras palabras, Dios puede prometer más de lo que originalmente ha prometido, pero nunca prometerá menos.[186]

Según Bock, este tipo de hermenéutica es la que consciente o inconscientemente usa el intérprete que se acerca al texto, en especial del Antiguo Testamento:

> La lectura que reconoce varias capas de significado no nos debe parecer extraña. La practicamos constantemente cuando leemos el Antiguo Testamento pensando en la Cristología o el Reino. La revelación subsecuente puede siempre ampliar el significado de una revelación previa.[187]

De este entendimiento, surge lo que se podría denominar *hermenéutica complementaria*:

> Podemos llamar esto una hermenéutica complementaria, la cual es un resultado natural del progreso de la revelación. Una hermenéutica tal produce capas de significado y especificidad para un texto, a medida que pasamos de considerar el texto en su contexto inmediato, a contextos que son más mediatos. La

---

[186] Darrell Bock, "El hijo de David y el cometido de los santos: Un estudio práctico del cumplimiento inicial y su hermenéutica", *Kairós* 12 (Enero-Junio 1993): 11.
[187] Ibíd.

base textual para esta lectura complementaria es Mateo 13:52, donde el escriba del reino saca de su tesoro cosas antiguas y también cosas nuevas. Esto significa que la enseñanza acerca del plan de Dios y el cometido de Jesús tienen continuidad con la esperanza y la promesa veterotestamentarias, pero también pueden entrañar verdad no percibida anteriormente. Lo antiguo y lo nuevo están yuxtapuestos y se complementan mutuamente. No hay necesidad de escoger entre los textos, sino que más bien un acercamiento incluyente es más apropiado.[188]

Blaising sigue en la misma línea de pensamiento, reconociendo las múltiples opciones hermenéuticas en la exégesis histórico-gramatical:

Desde la naturaleza de la literatura bíblica y de una prolongada práctica de exégesis histórico-gramatical, los cambios hermenéuticos son inevitables, incluyendo las distinciones de varios niveles de certeza hermenéutica y de la exploración y comprobación de múltiples opciones hermenéuticas.[189]

La razón para citar a estos autores, es debido a que son algunos de los principales representantes del dispensacionalismo contemporáneo, y en varios aspectos se han distanciado de las ideas presentadas por dispensacionalistas tradicionales. De manera que aquellos que defienden un método histórico, gramático y literario no representan un bloque monolítico, y seguir este método no terminará *necesariamente* afirmando el modelo de nueva creación, aunque pueda inclinarse a varias de sus conclusiones.

3.1.2 Hermenéutica contextual

Otra matización que es necesaria hacer en la hermenéutica está relacionada con la contextualización de la enseñanza bíblica. El tema de la contextualización ha afectado no solo a la hermenéutica, sino a

---

[188] Ibíd.
[189] Craig Blaising, "Algunos Cambios Operados en la Doctrina del Dispensacionalismo por Dispensacionalistas Contemporáneos: Parte 1", *Kairós,* 4 (Enero-Junio 1989): 43.

la teología en general. Antes de entrar al tema específico de la *hermenéutica contextual*, algunas palabras sobre la teología contextual son necesarias. Desde finales del siglo XX, han surgido desarrollos teológicos cuyo método de reflexión del mensaje cristiano ha tomado intencionalmente en cuenta la situación vital, social y cultural del tiempo y del lugar donde estos desarrollos han sido elaborados. Dicho de otra manera, la teología contextual es "una reflexión teológica que recoge la sensibilidad del momento, lee los signos de los tiempos, e intenta responder a los problemas que hay que afrontar en el ámbito de la Iglesia o en la sociedad".[190]

Este tipo de hacer teología supone además que el individuo que reflexiona no puede retraerse completamente del ambiente y la situación en que vive.[191] Por ejemplo, Elisabeth Johnson, comentando sobre la teología católica europea del siglo XX, hace la siguiente observación:

> Los principales teólogos católicos que desarrollaron la cristología trascendental en la década de 1960 -que recuperó la verdadera humanidad de Jesús- y la cristología narrativa en la década de 1970 –que recuperó la historia de Jesús- tienen mucho en común: todos ellos son varones europeos blancos, bien alimentados, bien formados, prósperos y privilegiados. Todos ellos teologizan, si bien compasivamente, desde una experiencia de privilegio político, económico y social.[192]

Pero luego pasa a describir cómo, debido al contexto de pobreza que se vivía (y aun se vive) en los países llamados del "tercer mundo", se elaboró allí una teología diferente, no sólo con una *perspectiva diferente*, sino también con un *método diferente*, y claro, con características diferentes:

> En la década de 1970 se empezó a formar una tercera ola de

---

[190] L. Oviedo, "Teología Contextual", *VocTeo*, 26 de setiembre de 2009, http://www.mercaba.org/ VocTEO/T/teologia_contextual.htm (consultado el 23 de mayo de 2012).

[191] Esta influencia del contexto afecta directamente en las presuposiciones del intérprete a la hora de acercarse al texto Bíblico, o como se mencionó anteriormente, a su *pre-entendimiento* de lo que enseña un determinado pasaje.

[192] Elizabeth A. Johnson, *La cristología, hoy* (2003), 99.

renovación de la cristología católica, cuando los pobres y desposeídos del mundo empezaron a encontrar su voz. En casi todos los continentes, la reflexión sobre la fe "desde el reverso de la historia" ha dado como resultado unas formas de teología designadas colectivamente como teología de la liberación. Es una nueva manera de hacer teología, que se basa en la experiencia de personas que sufren y son oprimidas sistemáticamente. Hecha desde una perspectiva diferente, tiene un método y unas características diferentes de las de los enfoques trascendental y narrativo.[193]

Siendo este el caso, la reflexión teológica de varones europeos blancos, bien alimentados, bien formados, prósperos y privilegiados, que teologizan desde una experiencia de privilegio político, económico y social *no será la misma* reflexión que la de hombres o mujeres que viven en un contexto de opresión social, económica y política, como es el caso de la gran mayoría que vive en América Latina. Con esto no se quiere menoscabar el aporte teológico de los que viven en condiciones de privilegio, ni tampoco negar que esa reflexión en sí haya sido contextual,[194] sino simplemente validar la opción metodológica de los que reflexionan desde una situación social, política y económica diferente.

La pregunta que sigue es, ¿es posible hacer una teología que no tenga en cuenta el contexto? Si durante mucho tiempo el pensamiento común era que sí, en la actualidad ya no lo es. Por ejemplo, Justo González, en las conferencias teológicas del 2008 en el Seminario Teológico Centroamericano, dijo que en realidad toda la reflexión teológica que se hizo es teología contextual, incluso Agustín, Calvino, etc., escribieron desde y para la situación particular que les tocó vivir.[195] Así que, pretender que la teología (o mejor dicho la reflexión teológica) no se puede regionalizar, parece ser una ilusión. Pero, ¿no

---

[193] Ibíd.

[194] Estos teólogos europeos, incluso los norteamericanos, no reflexionaron todos desde una torre aislados de la realidad, sino que lo hicieron desde su propia experiencia. Lo que se quiere remarcar es la característica monolítica de su perspectiva.

[195] Justo González, "Evangelio y posmodernidad" (Conferencias Teológicas, Seminario Teológico Centroamericano, Guatemala, 2008).

se corre el riesgo de provincialismo y aislamiento con este tipo de quehacer teológico? Ciertamente que hay riesgos. En realidad, siempre los hubo, aunque tal vez hoy se es más consciente de ello (lo cual termina siendo un beneficio), al reconocer la influencia del contexto en la reflexión teológica. Lo más importante que se debe entender aquí es que "el hecho de que la teología tenga que referirse al contexto no quiere decir que tenga que someterse a él o que no pueda franquear sus fronteras".[196] Esto lleva a un enunciado básico para la teología contextual, a modo de solución del problema de aislamiento: se debe elaborar una teología desde el contexto del que reflexiona, reconociendo las limitaciones que impone el contexto, y estando dispuestos a dialogar de manera humilde e informada, escuchando las voces teológicas de otras latitudes que enriquezcan y amplíen los propios horizontes teológicos.

Este nuevo acercamiento teológico, en cuanto "teología contextual", "supone una opción metodológica y hermenéutica que atribuye un significado a la historia concreta, a la cultura de los destinatarios del anuncio cristiano y a las inquietudes y preocupaciones personales o sociales".[197] Entonces, no es posible hacer la misma teología en Europa Occidental que en Asia, y las consecuencias de seguir el modelo de visión espiritual o el de nueva creación no serán *exactamente* las mismas en América del Norte que en América del Sur.

Volviendo al tema de la hermenéutica, como ya se ha observado anteriormente, la teología contextual presupone un acercamiento contextual al texto sagrado (hermenéutica contextual). Uno de los mayores expositores de este acercamiento es el renombrado teólogo latinoamericano René Padilla. Según él, "hablando en términos generales, existen tres acercamientos a las Escrituras, según la actitud que hacia la hermenéutica adopta el intérprete: el acercamiento intuitivo; el acercamiento científico; el acercamiento contextual".[198]

---

[196] Oviedo, "Teología Contextual", http://www.mercaba.org/VocTEO/T/teologia_contextual.htm (consultado el 12 de agosto de 2012).
[197] Ibíd.
[198] René Padilla, "Hacia una Hermenéutica Contextual", *Encuentro y Diálogo*

En el acercamiento intuitivo "el interés principal del intérprete se relaciona con la pertenencia y apropiación personal del mensaje a su propia situación. Las consideraciones hermenéuticas se dejan a un lado o bien se minimizan".[199] El peligro con este acercamiento es que carece de base para afirmar que su propio mensaje tiene continuidad con el mensaje registrado en la Escritura.[200] Por otro lado, el acercamiento científico (crítica histórica) resalta la naturaleza histórica de la revelación bíblica. Pero el peligro con este acercamiento es que solamente se preocupa por definir el significado original del texto, sin ocuparse de que ese pasado cobre vida e ilumine el presente.[201] En resumen, como observa Padilla:

> Los dos acercamientos anteriores a las Escrituras son unilaterales: no le hacen justicia al contexto histórico original del texto bíblico o al contexto histórico de los lectores u oyentes modernos. En consecuencia, no hay posibilidad de entablar un diálogo significativo entre el pasado y el presente. En el modo intuitivo, el mensaje bíblico se adapta prematuramente a las necesidades contemporáneas en obsequio a la actualización. En el modo de acercamiento científico, por otra parte se considera el mensaje bíblico en su contexto original, pero su significado es trasladado a un mundo que, claramente, no es el nuestro.[202]

En cambio, en el *acercamiento contextual*:

> se adoptan y equilibran los supuestos básicos de los dos acercamientos mencionados anteriormente, es decir, que el contexto del lector contemporáneo tiene mucho en común con el del contexto original del mensaje bíblico y éste puede por consiguiente apropiarse hoy, y por otro lado, el mensaje bíblico sólo puede entenderse correctamente a la luz de su contexto original.[203]

(1984): 2.
[199] Ibíd.
[200] Ibíd., 2-3.
[201] Ibíd., 4-5.
[202] Ibíd., 5.
[203] Ibíd., 6.

Tanto el contexto del texto como el del lector moderno reciben la atención que se merecen. Lo que se busca con el acercamiento contextual es una fusión de horizontes, el horizonte de la situación histórica contemporánea y el horizonte del texto, de modo que el mensaje dado en la situación contemporánea tenga una equivalencia dinámica con el mensaje proclamado en el contexto original.[204] Este acercamiento es característico de la teología latinoamericana en general, y de la teología evangélica en particular. "Si al hombre contemporáneo ha de alcanzarlo la Palabra de Dios, tiene que alcanzarlo en términos de su propio contexto histórico o no lo alcanzará en absoluto".[205] La hermenéutica contextual da una gran importancia al contexto, debido a que Dios no sale al encuentro del hombre en una situación abstracta; por el contrario, Dios le sale al encuentro únicamente como un ser histórico en el contexto de su existencia corporal.[206]

3.1.3 Hermenéutica Interdisciplinaria

Una tercera matización que se debe hacer en la hermenéutica tiene que ver con la interdisciplinaridad necesaria en la interpretación del texto bíblico. Son realmente varias las ciencias que en la actualidad hacen un aporte significativo a la hora de interpretar la Biblia. En su pequeño libro "¿Qué es la Biblia?",[207] el teólogo Latinoamericano Edesio Sánchez Cetina, presenta una introducción a algunas de las disciplinas que hacen su aporte, a través de la investigación, a la exégesis de las Escrituras. Es de notar que el autor trata de mostrar cómo las investigaciones recientes en los diferentes campos de la ciencia ayudan a la interpretación del texto sagrado, colaborando en la contextualización, ya sea cultural, social, política, económica o religiosa; lo que lleva al intérprete a una mejor comprensión de los hechos que motivaron los escritos.

---

[204] Ibíd.
[205] Ibíd., 7.
[206] Ibíd., 14.
[207] Edesio Sanchez Cetina, *¿Qué es la Biblia? Respuestas desde las ciencias bíblicas* (2006).

Algunas de las disciplinas que hacen su aporte son la *lingüística*, el *análisis literario*, la *arqueología*, la *historia*, las *ciencias sociales*, la *antropología cultural*, etc. Todas ellas constituyen la *propedéutica bíblica*, es decir, "el conjunto de saberes y disciplinas que hace falta conocer para preparar el trabajo exegético y hermenéutico serio, y constituyen una etapa previa a la metodología".[208]

Muchos de los aportes de estas ciencias son dignos de consideración. Solo por citar un ejemplo, cuando Edesio Sánchez trata sobre el análisis literario, observa que históricamente se ha usado el *método histórico crítico* como el acercamiento exegético al texto bíblico, y esto ha llevado algunas veces a una comprensión no exacta del mensaje. El acercamiento literario permite ver que el autor, como artista, quiere despertar en la audiencia todos los niveles de captación del mensaje. Este acercamiento ayuda a descubrir los niveles de apelación de una obra literaria de manera más integral y completa (dimensiones racionales y cognoscitivas como emotivas e imaginativas).[209]

Antes de terminar esta sección, cabe nuevamente hacer la aclaración que ninguno de los acercamientos mencionados hasta aquí pretenden anular la utilización del método histórico-gramatical, sino que por el contrario intentan enriquecerlo.[210] Es necesario seguir aprendiendo y en profundidad el método histórico-gramatical, pero también es necesario enriquecerlo con estos nuevos acercamientos.

---

[208] Wikipedia, la enciclopedia libre, 26 de noviembre de 2009 http://es.wikipedia.org/wiki/ Proped%C3%A9utica (consultado el 28 de mayo de 2012).

[209] Sanchez Cetina, *¿Qué es la Biblia?*, 36.

[210] Todas las metodologías hermenéuticas mencionadas se enfocan o en el autor del texto sagrado, o en el texto mismo. Sin embargo, existen nuevos acercamientos hermenéuticos que se enfocan en el lector actual y su contexto, y su principal preocupación no está tanto en ¿qué se entiende? sino en ¿cómo se entiende? Sin duda que estos nuevos acercamientos enriquecen el quehacer hermenéutico, aunque también presentan peligros. A los fines de este trabajo no se los ha considerado, sin embargo, el lector puede profundizar en esta temática en Luis Garagalza, *Introducción a la hermenéutica contemporánea. Cultura, simbolismo y sociedad* (2002), 5-45; Anthony C. Thistleton, "Los estudios bíblicos y la hermenéutica teórica", 120-39, en John Barton, ed., *La interpretación bíblica hoy* (2001); Oscar Campos, "Gadamer: Subjetivismo y relativismo en la hermenéutica" *Vox Scripturae* 8/2 (1998): 73-93.

De ahí la importancia de una teología bíblica que corrija las ideas que se alejan del mensaje de la Escritura, tanto en el modelo de visión espiritual *como también* en el de nueva creación. Por eso la importancia que se le dio en este capítulo al análisis de los textos bíblicos claves tanto para uno como para el otro modelo. Con estas matizaciones, se puede proceder entonces a evaluar algunos elementos importantes en ambos modelos.

3.2 El Cielo

Uno de los temas fundamentales tanto en el modelo de visión espiritual como el de nueva creación es la comprensión de lo que es el cielo. Como se mostró en el análisis de los pasajes bíblicos, el cielo en la Biblia es el lugar donde reside Dios. El hecho de que sea un *lugar* es algo que algunos hoy discutirían, pero en la Escritura se da por sentado que hay un lugar al que se le llama "cielo". Ahora bien, dónde está este lugar, es algo que no es tan fácil de contestar. Por ejemplo, Zoller, argumentando sobre lo espacial del cielo, afirma:

> Nuestro Señor Jesús nos lo dijo y Él lo sabe que el cielo es un lugar. No es una condición o un estado de mente, como algunos dicen, sino UN LUGAR. El cielo es una realidad. El cielo está situado en el gran océano del espacio. Los telescopios humanos no lo han localizado pero esto no prueba que no existe.[211]

Tal parece que para Zoller el cielo está en algún lugar allá arriba en el espacio sideral, y que si se pudiera escudriñar todo el universo, en algún lugar se lo encontraría. Sin embargo, esta no parece ser la idea que transmite la Biblia. Parece mejor considerar que:

> cuando la Biblia habla del "cielo" y de la "tierra" no se está refiriendo a dos ubicaciones relacionadas entre sí dentro del mismo continuo del espacio y del tiempo; ni siquiera alude al mundo no físico por un lado y al mundo físico por el otro, sino que más bien se refiere a dos tipos diferentes de aquello que denominamos "espacio", dos tipos distintos de aquello que

---

[211] Zoller, *El cielo*, 52.

denominamos materia y también con bastante posibilidad (aunque esto no necesariamente se desprende de los otros dos aspectos), a dos tipos distintos de aquello que denominamos "tiempo".[212]

Cuando la Escritura habla del cielo, no siempre lo considera como un destino futuro. "Más bien, es la otra dimensión, la dimensión oculta de nuestra vida cotidiana".[213] Esto puede resultar difícil de comprender, aunque películas como "Matrix"[214] y, quizás más acertadamente, "Las crónicas de Narnia" ayudan a poder imaginar cómo es esta otra dimensión.

Siguiendo la caracterización del modelo de visión espiritual, algunos podrían llegar a pensar que el cielo es "insufriblemente aburrido con todos sentados en las nubes tocando arpas todo el tiempo, y que, o bien no creen en este tipo de cielo, o simplemente no quieren ir al cielo".[215] Incluso otros podrían llegar a pensar que "un Dios que simplemente quiere que la gente lo esté adorando todo el tiempo no es en lo absoluto un personaje que ellos respetarían".[216] Por supuesto que esto representa una distorsión de la enseñanza bíblica, la cual sí enfatiza la visión de Dios, pero niega este tipo de conclusiones sobre el *más allá*.

Otro problema para los que aceptan el modelo de la visión espiritual es que la idea de un Jesús con cuerpo humano perfecto que ahora está en el "cielo", resulta siendo una verdadera conmoción.[217] Esto puede deberse a una mala comprensión de lo que significa la encarnación de Jesús. Hay personas que creen que Jesús, siendo divino, dejó de ser divino al encarnarse, y después de ser humano por un tiempo, dejó de serlo para convertirse en divino nuevamente.[218]

---

[212] Wright, *Sorprendidos por la esperanza*, 168.
[213] Ibíd., 50.
[214] Quizás este no sea uno de los mejores ejemplos, ya que para la Biblia este mundo no es una ilusión, sino que existe al igual que existe el cielo. Sin embargo, a los fines de ilustrar la realidad de dos dimensiones que coexisten, el ejemplo es válido.
[215] Wright, *Sorprendidos por la esperanza*, 51-52.
[216] Ibíd., 52.
[217] Ibíd., 163.
[218] Ibíd.

Pero con mayor frecuencia, el problema para aceptar la encarnación de Jesús como un acto irreversible, se debe a que la cultura occidental está tan influenciada por la idea platónica del "cielo", en la cual éste es un lugar de realidad "espiritual" y "no material", que la idea de que Jesús esté ahí con un cuerpo sólido, corpóreo, parece ser un verdadero error de categorías.[219]

El modelo de la nueva creación corrige varios malos entendidos con respecto al cielo. Uno de ellos es la idea de que lo más importante para el cristiano es seguir a Jesús, dejando la tierra para ir al cielo y quedarse allí *para siempre*. Por el contrario, el modelo de nueva creación sostiene que el Nuevo Testamento enseña que Jesús, que se ha ido al cielo, volverá.[220]

Otro mal entendido que corrige es la referencia al "cielo" como la meta *última* y *definitiva* de los salvos. Esta terminología, aunque ha sido "ampliamente popularizada por la piedad medieval, y aquella que la siguió, es ampliamente engañosa y ni siquiera está cerca de hacerle justicia a la esperanza cristiana".[221] El modelo de nueva creación enseña que "el destino final *no* es 'ir al cielo cuando uno muere', sino ser elevado de forma corporal hacia la semejanza transformada y gloriosa de Jesucristo".[222] Por eso, si se habla de "ir al cielo cuando se muere",[223] se debe tener muy claro que esto representa solo la primera etapa de un proceso de dos etapas y, ciertamente, la menos importante.[224] En este sentido, en vez de continuar hablando sobre el "cielo", y tratar de encajar toda la enseñanza bíblica sobre el más allá dentro de ese término, sería mejor hablar con precisión bíblica sobre como el futuro invade el presente a través de la resurrección de Jesús, y reorganizar toda el lenguaje acerca del cielo alrededor de ese concepto.[225]

---

[219] Ibíd.
[220] Ibíd, 169.
[221] Ibíd., 235.
[222] Ibíd.
[223] Aunque pueda parecer sorprendente para mucha gente, lo cierto es que se habla muy poco en la Biblia sobre ir al cielo cuando se muere. Ver Ibid., 49.
[224] Ibíd., 235. Se debe aclarar que menos importante en cuanto a que es una etapa transitoria, no a que no sea valiosa para el creyente.
[225] Ibíd., 210.

3.3 El Estado Intermedio

El último párrafo de la sección anterior advierte que hablar de "ir al cielo cuando se muere" representa la primera etapa de un proceso de dos etapas. Como se afirmó en el capítulo 2, el modelo de nueva creación no niega que los muertos en Cristo estén con Él en el cielo ahora, pero reconoce que este es un estado intermedio,[226] el cual es radicalmente diferente al estado después de la resurrección.[227] Los primeros cristianos tenían una fuerte convicción sobre el futuro que se dividía en dos etapas: la primera etapa consistía en la muerte y un interludio de descanso. La segunda etapa constaba de una nueva existencia corporal en un nuevo mundo totalmente renovado.[228]

Este estado intermedio previo a la resurrección es caracterizado, en ambos modelos, como de descanso. De ahí que a los creyentes que ya murieron los autores del Nuevo Testamento los identifiquen como "los que durmieron" (1 Cor. 15:18, 20; 1 Tes. 4:14, 15; 2 Pe. 3:4). Pero este dormir en el Nuevo Testamento no se refiere al descanso de las almas, sino *al descanso del cuerpo.*[229] Este hecho se muestra en el relato de Mateo de la resurrección de algunos santos después de la resurrección del Señor, donde se afirma que "los sepulcros se abrieron, y los cuerpos de muchos santos que habían dormido resucitaron" (Mateo 27:52, Biblia de las Américas). Ya que el Nuevo Testamento enseña que al momento de la muerte el creyente estará inmediatamente en la presencia de su Señor (Luc. 23:43; Fil. 1:23), entonces el descanso apunta al tiempo de espera hasta la resurrección.[230]

---

[226] En la teología católica se le denomina a este estado intermedio, "escatología intermedia". Ver Cándido Pozo, *Teología del más allá* (1968), 466.

[227] A diferencia del modelo de visión espiritual, que ve como esencialmente igual al estado presente de los creyentes que han muerto con el de la vida resucitada.

[228] Wright, *Sorprendidos por la esperanza*, 82.

[229] Wilbur M. Smith, *The Biblical Doctrine of Heaven* (1968), 156. En este texto se presenta una buena perspectiva panorámica de las distintas ideas sobre el estado intermedio.

[230] El concepto de descanso del cuerpo en el estado intermedio implica que el cristiano ya no debe seguir ocupándose de su salvación (Fil. 2:12), lo cual es contrario a la enseñanza de ciertos sectores católicos, como los representados por John Thiel, quien afirma que "los que han muerto en el Señor han de continuar

Algo importante a destacar aquí es que, "magnificar un concepto de escatología individual en cuanto al estado intermedio y relegar la segunda venida a un apéndice insignificante es glorificar la muerte y menospreciar la resurrección".[231] La observación de Ricardo Marín es oportuna:

> Si el "estado intermedio" no es 1) el *foco* del Nuevo Testamento, ni 2) el gran *motivo* para la acción ética, ni 3) el día del *galardón,* ni 4) la plenitud de la *redención,* ni 5) la *liberación* de la corrupción, nos insta considerar lo que es. ¿Qué dice la Biblia además de que aquellos que han muerto en el Señor están "con Cristo"; que su espíritu –su carácter o identidad– ha retornado a Dios para ser preservado; que descansan de sus trabajos; y que duermen en Jesús (Ap. 14:13; 1 Tes. 4:14)? Una cosa es clara – no son visiblemente redimidos en su experiencia hasta que Cristo viene.[232]

En resumen, y como afirma Wright, el estado intermedio, en cuanto momento de descanso:

> es el preludio de algo muy diferente que también implicará definitivamente a la tierra. La tierra, la tierra renovada, es aquella ubicación en la que se desarrollará el reinado y esa es la razón por la que el Nuevo Testamento hace referencia con regularidad a que Él vendrá aquí, al lugar en el que estamos nosotros, y no que nosotros vamos a ir a un lugar donde está Jesús.[233]

---

actuando en el sentido de adquirir su carácter como santificados, no solo en su feliz descanso, previo a la visión beatifica, sino también en su capacidad de perdón nunca concluido, pues los efectos del pecado continúan aun después de la muerte, en la vida resucitada". Como se puede observar, no solo la perspectiva sobre el estado intermedio es distorsionada, sino también la perspectiva sobre el estado eterno. John E. Thiel, "¿Cuál es nuestra esperanza? Reflexiones sobre escatología e imaginación", *Selecciones de Teología* 47/185 (enero-marzo 2008): 11.

[231] Ricardo Marín, "La escatología individual o universal", *Pregonero de Justicia* 5/2 (abril-junio 1999): 29.

[232] Ibid.

[233] Wright, *Sorprendidos por la esperanza*, 260-61.

3.4 El Tiempo

Otro elemento a considerar en los modelos de visión espiritual y nueva creación es el relacionado con el tiempo. Para el modelo de visión espiritual, en la eternidad "el tiempo no será más, y la dimensión y el espacio tendrán un significado diferente y desconocido, y no pueden interpretarse de acuerdo a los conocimientos humanos relativamente mezquinos y limitados, sino de conformidad con la omnipotencia, omnisciencia y omnipresencia de Dios".[234] Por su parte, el modelo de nueva creación, aunque reconoce que no se trata –no puede tratarse– de un tiempo unívoco con el actual, enseña que no puede eliminarse toda idea de temporalidad, ya que ello equivaldría a la confusión entre eternidad divina y la participación de la criatura de la eternidad.[235]

Un concepto muy importante a destacar en la Escritura es que con la encarnación, lo *eterno* invade lo *temporal* y abre el camino para que lo *temporal* participe en lo *eterno*, sin que ninguno de los dos polos se confunda.[236] Esto implica "el reconocimiento de una capacidad de modulación de la eternidad de Dios insospechada para la filosofía griega y una apertura intrínseca a la trascendencia y a la eternidad por parte de la criatura tan sorprendente como gozosa".[237]

3.5 Visión Beatífica

Uno de los énfasis en el modelo de visión espiritual que debe ser retenido es el de la primacía de la visión beatífica,[238] la visión de Dios en la eternidad. Pero claro, algunas matizaciones deben ser

---

[234] Darling, *Una puerta abierta en el cielo*, 349.
[235] Pozo, *Teología del más allá*, 420.
[236] Gabino Uríbarri, "Modulaciones teológicas del tiempo. Ensayo sobre las formas de duración según la teología", *Estudios Eclesiásticos* 81/318 (julio-septiembre 2006): 564.
[237] Ibíd., 564-65.
[238] La visión beatífica es, por definición, el "acto de ver a Dios, en el cual consiste la bienaventuranza." Real Academia Española, "visión beatífica", http://lema.rae.es/drae/?val=visi%C3%B3n%20beat%C3%ADfica (consultado el 20 de julio de 2012).

hechas. En primer lugar, debe decirse junto con Wright, que:

> hemos venido comprando nuestro mobiliario mental durante tanto tiempo en la fábrica de Platón que llegamos a dar por sentado que existe un contraste ontológico básico entre el "espíritu", en el sentido de algo inmaterial, y la "materia", en el sentido de algo material, solido y "físico".[239]

De manera que "una presentación de la vida eterna a partir de la visión de la esencia divina, tiene el riesgo de sugerir a los fieles un imaginarse la vida eterna como una especie de contemplación de las esencias platónicas".[240] Por el contrario, Apocalipsis 22:4 afirma que los hombres verán cara a cara a Dios en la *nueva tierra*, y más específicamente en la nueva Jerusalén, donde estará el trono de Dios y del Cordero (Ap. 22:3).

Lo que se pretende aquí no es menoscabar la primacía de la visión de Dios en el *más allá*. Como lo señala Marcos Vidal en su canción, ver cara a cara al Señor es lo que todo creyente espera durante su vida:

> Solamente una palabra, solamente una oración, cuando llegue a tu presencia o Señor. No me importa en qué lugar de la mesa me hagas sentar, o el color de mi corona si la llego a ganar.
>
> Solamente una palabra, si es que aún me queda voz, y si logro articularla en tu presencia. No te quiero hacer preguntas, solo una petición, y si puede ser a solas, mucho mejor.
>
> Solo déjame mirarte cara a cara, y perderme como un niño en tu mirada. Y que pase mucho tiempo, y que nadie diga nada, porque estoy viendo al maestro cara a cara. Que se ahogue mi recuerdo en tu mirada, quiero amarte en el silencio y sin palabras, y que pase mucho tiempo y que nadie diga nada, solo déjame mirarte cara a cara.
>
> Solo déjame mirarte cara a cara, aunque caiga derretido en tu mirada. Derrotado y desde el suelo, tembloroso y sin aliento,

---

[239] Wright, *Sorprendidos por la esperanza*, 216.
[240] Pozo, *Teología del más allá*, 406.

aun te seguiré mirando a mi maestro. Cuando caiga ante tus plantas de rodillas, déjame llorar pegado a tus heridas, y que pase mucho tiempo y que nadie me lo impida, que he esperado este momento toda mi vida.[241]

Sin lugar a dudas, al leer estas palabras o escuchar la canción, el corazón de cada cristiano sincero se estremece con la sensación de lo que será ver cara a cara a Dios. Esto de ninguna manera puede ser menospreciado. Sin embargo, lo que se intenta hacer aquí es explicar que este ver cara a cara al Señor será diferente al propuesto por la filosofía platónica. En el mismo pasaje de Apocalipsis 22 se encuentra implícita la idea que habrá una relación social y aún política de Dios con los creyentes, y entre los creyentes mismos. Además los creyentes estarán con nuevos cuerpos, y reinarán por los siglos de los siglos (Ap. 22:5).

3.6 Resurrección y Nueva Creación

Por último, un análisis del tema de la resurrección y la nueva creación se hacen necesarios. Es importante destacar que en la Biblia la resurrección no era una manera de hablar acerca de la vida "después de la muerte". Era una manera de hablar sobre una nueva vida corporal *luego* del interludio de descanso que sigue a la muerte física.[242] En otras palabras, como dice Wright, era "la vida *después* 'de la vida después de la muerte'".[243] Para Pablo, la resurrección corporal no significa que "el creyente irá finalmente a unirse con

---

[241] Marcos Vidal, "Cara a cara", http://www.musica.com/letras.asp?letra=877409 (consultado el 31 de mayo de 2012)

[242] Cuando Pablo habla de la "resurrección de los muertos", no está pensando en la mera revitalización de los cuerpos. En cambio, él tiene en mente el surgimiento de la persona muerta desde el reino de la muerte a un estado corporal transformado. Ver Richard N. Longenecker, ed., *Life in the face of Death: The resurrection Message of the New Testament* (1998), 149. Este libro presenta un excelente análisis del pensamiento de Pablo sobre la resurrección, como así también las ideas sobre la vida después de la muerte en el antiguo cercano oriente, el mundo greco-romano y el judaísmo del segundo templo.

[243] Wright, *Sorprendidos por la esperanza*, 213.

Jesús en un cielo no corporal platónico, sino más bien, insiste en la integridad *holística* de cada persona salvada, evitando así la idea de su desaparición en Dios o de su identificación con Dios".[244]

Para explicar la resurrección futura de los creyentes, la Escritura a menudo recurre a la resurrección de Jesús. Eso es así porque:

> Solo por la resurrección de Jesús de entre los muertos se ha cumplido de forma anticipada el destino del hombre, solo la resurrección ha implantado ya en la historia del hombre y en su ser la pujanza ontológica del futuro de Dios, la eternidad de Dios en las entrañas temporales de la realidad creada y en la naturaleza finita y contingente del hombre.[245]

Ahora bien, ¿por qué es que se van a dar estos cuerpos nuevos? Según los primeros cristianos, la razón por la que Dios iba a otorgar estos nuevos cuerpos era para poder gobernar sabiamente sobre la nueva creación. Por eso es importante rechazar esos cuadros pictóricos del futuro de los hombres como ángeles sentados en las nubes tocando el arpa,[246] ya que Dios espera que personas resucitadas gobiernen sobre una nueva creación. Al respecto, Wright observa:

> En los últimos doscientos años, en el pensamiento occidental se ha puesto demasiado énfasis en el individuo a expensas de la imagen más amplia de la creación de Dios. Lo que es más, en el caso de gran parte de la devoción occidental, cuando menos a partir de la Edad Media, la influencia de la filosofía griega ha sido muy relevante, lo que ha llevado a que las expectativas futuras mantengan mucha más similitud con la visión que tenía platón de las almas que ingresan en una felicidad incorpórea, que con la imagen bíblica de los nuevos cielos y la nueva

---

[244] Thiel, "¿Cuál es nuestra esperanza? Reflexiones sobre escatología e imaginación", *Selecciones de Teología* 47/185: 7.

[245] José Ramón Matito Fernandez, "El futuro del hombre y el ser de Dios. La escatología trinitaria de Wolfhart Pannenberg", *Salmanticensis* 56/3 (septiembre-diciembre 2009): 449.

[246] Wright, *Sorprendidos por la esperanza*, 224.

tierra.²⁴⁷

Sin embargo, la Biblia enseña claramente que habrá un nuevo cielo y una *nueva tierra*. Estos vienen a remplazar al viejo cielo y a la vieja tierra que están destinados a la corrupción. "Esto no significa que Dios hará borrón y cuenta nueva y que empezará de nuevo de la nada. Si ese fuera el caso, no habría ninguna celebración o conquista sobre la muerte, así como tampoco habría una preparación tan larga que ya por fin hubiera llegado a su fin".²⁴⁸ Así que toda discusión sobre la muerte y la resurrección afecta a todo el mensaje cristiano. Si no se presta la debida atención, se correrá el riesgo de ofrecer una "esperanza" que no sorprende a nadie, que no logra transformar vidas y comunidades en el presente, y que no permite mirar hacia adelante y esperar los nuevos cielos y la nueva tierra prometida.²⁴⁹ De esto se ocupará el siguiente capítulo.

4. Conclusión

Concluyendo la lectura de este capítulo, es posible que el lector haya quedado con muchas cosas en qué pensar. En realidad, ese es un propósito implícito de este libro, que luego de haber caracterizado a los modelos de vida eterna, haber considerado la teología bíblica, y haber evaluado los modelos en los elementos fundamentales, el lector sea desafiado a evaluar su propio pre-entendimiento del asunto, y a efectuar las correcciones que considere necesarias en su propio esquema de eternidad. Dicho esto, debe repetirse aquí que el propósito declarado de este libro no es *solamente* corregir las ideas sobre el *más allá*, sino ver de qué maneras esas ideas repercuten en el *más acá*, y modificar la conducta en el ahora, para que se ajuste con la enseñanza bíblica sobre el mañana. De esto se ocupa el siguiente capítulo.

---

[247] Ibid., 125-126.
[248] Ibid., 154.
[249] Ibid., 63.

CAPÍTULO IV

RELACIÓN DE LOS MODELOS DE "VISIÓN ESPIRITUAL" Y "NUEVA CREACIÓN" CON LA MISIÓN DE LA IGLESIA

1. Introducción

Lo que pretende este capítulo es aterrizar los conceptos que se han venido desarrollando sobre el *más allá*. Como también se declarara con anterioridad, este trabajo no tiene como objetivo buscar satisfacer la curiosidad del lector sobre lo que hay más allá de esta vida, sino llevarlo a reflexionar sobre las implicaciones que tienen estos conceptos para esta vida y para la misión de la Iglesia hoy. Es por eso que a continuación se analiza la relación de la escatología con la misión, y se presta especial atención a algunos elementos claves en esa relación, como son el concepto de Reino de Dios, el compromiso social y con la justicia del creyente, el llamado a la Iglesia a ser voz profética y la verdadera dimensión de la salvación y la redención. Claro está, intentando siempre aplicar lo descubierto al contexto latinoamericano.

2. Escatología y Misión

Como ya se ha dicho en repetidas ocasiones, todo lo que la Biblia dice sobre el *más allá* repercute en el *más acá*. Lo escatológico en la Biblia no tiene el propósito de satisfacer la curiosidad del lector, o de generarle miedo, sino de suscitar esperanza en él, y moverlo a la acción. Como lo aclara Wright:

La palabra "escatología", que literalmente quiere decir "el estudio de las últimas cosas", no se refiere únicamente a la muerte, al juicio, al cielo y al infierno, tal como se solía pensar (y tal como aún se define el término en muchos diccionarios). Más bien, se refiere a la creencia firme que tenía la mayoría de los judíos del primer siglo, al igual que casi todos los cristianos primitivos, de que la historia se dirigía hacia algún lugar bajo la guía de Dios y que aquel lugar al cual se dirigía era el nuevo mundo de justicia, de sanación y de esperanza de Dios.[1]

De manera que partiendo de la escatología, se promueve o motiva una valoración de la acción. Así, escatología y praxis se entrecruzan; y la alteración de uno de ellos tiene repercusiones en el otro.[2]

Ahora bien, a la hora de encarar el tema de la escatología bíblica, un peligro debe tenerse en mente: "la tentación que representa el desarrollo de estudios y posturas escatológicas irrelevantes, que se quedan en la mera formulación de ejercicios de quiasmos y estudios de género profético, reduciendo la investigación bíblica a una labor en clave científica".[3] En este sentido, el ejemplo de los teólogos escolásticos, "los cuales pasaban su vida buscando ingeniosas respuestas a preguntas que nadie jamás se haría",[4] debe bastar como advertencia. Este ha sido en muchos casos el talante de los estudios escatológicos, sin embargo, y debido al fortalecimiento del modelo de nueva creación, en las últimas décadas esta tendencia ha ido cambiando progresivamente. Como nota Tamayo Acosta, "la escatología ha dejado de ser el 'farolillo rojo' de la teología para convertirse en horizonte, en categoría articuladora del conjunto de la reflexión teológica, que adquiere toda ella una coloración

---

[1] Nicholas Thomas Wright, *Sorprendidos por la esperanza: repensando el cielo, la resurrección y la vida eterna*, 175.
[2] Camille Dumont, "Tres dimensiones reencontradas: escatología, ortopraxis, hermenéutica". *Selecciones de Teología* 13/50 (abril-junio 1974): 91.
[3] Ramón Pérez, "Filosofía y escatología. Una perspectiva Adventista", *Theologika* 21/2 (2006): 230-31.
[4] Ibíd.

escatológica innegable".⁵

Así que la escatología ya no se entiende solamente como la descripción anticipada de los sucesos últimos, sino como "movimiento dialéctico entre el 'ya' y el 'todavía no'. El ἔσχατον (lo último) no remite ya a un más allá ultraterreno desencarnado, aislado del más acá, sino que irrumpe en la historia, la dirige y vehicula, sin agotarse en ella. De ahí el carácter dialéctico".⁶ Sin lugar a dudas, en este descubrimiento del carácter dialéctico del ἔσχατον, uno de los conceptos claves que más sufrió modificaciones fue el entendimiento de lo que es el Reino de Dios. Este entendimiento generó una serie de consecuencias no solo a nivel teológico, sino que repercutió directamente en el entendimiento de lo que es la misión de la Iglesia. Es por eso que a continuación se le dedica una sección.

3. Reino de Dios

No hay frase que aparezca más veces en el Nuevo Testamento que "el reino de los cielos", o "el reino de Dios". Es la primera cosa en Mateo, la última en Apocalipsis.⁷ El evangelio mismo es llamado el "evangelio del reino"; los discípulos son los "herederos del reino"; el gran objeto de esperanza y expectación es "la venida del reino". De la idea de reino Cristo mismo deriva su título de "Rey". El reino de Dios, entonces, es el mismo núcleo del Nuevo Testamento.⁸ Wright observa que "en las prédicas de Jesús, el 'reino de Dios' no se refiere al destino posterior a la muerte, ni a nuestro escape de este mundo hacia otro, sino, más bien, tiene que ver con el reinado soberano de Dios que se ejerce 'así en la tierra como en el cielo'".⁹ Este concepto siguió presente en Pablo, aunque cedió un poco de terreno en el

---

⁵ Juan José Tamayo Acosta, *Para comprender la escatología cristiana*, 17.
⁶ Ibíd., 18.
⁷ J. Stuart Russell, *The Parousia: A Critical Inquiry Into the New Testament Doctrine of Our Lord's Second Coming* (1983), 337.
⁸ Ibíd. Debe hacerse la aclaración que se considera como núcleo del Nuevo Testamento debido a que el enfoque del Reino es cristológico. Si no fuera así, no sería un tema núcleo.
⁹ Wright, *Sorprendidos por la esperanza*, 49-50.

evangelio de Juan ante la promesa de vida eterna.[10] Luego de esto, el concepto se mantuvo con cierta fuerza en los Padres de la Iglesia, disfrutando de un florecimiento con Ireneo.[11] Sin embargo, y como ya se vio en los capítulos 2 y 3, este concepto se diluyó en aras de otro, más adecuado al modelo de visión espiritual que prevaleció. En cuanto al entendimiento del Reino de Dios, Benedict Viviano identifica tres patrones principales o tipos de entendimiento de reino que emergieron en la vida de los periodos patrístico, medieval y moderno temprano.[12] Ellos son el celestial-místico-espiritual de Orígenes y otros teólogos platonizantes; el patrón del imperio cristiano de Eusebio, Constantino y otros emperadores; y la interpretación eclesial de Agustín y otros eclesiásticos.[13] En todos estos patrones, el modelo de visión espiritual prevaleció, de modo que mientras se entendió el Reino Eterno de Dios como una realidad espiritual, se enfatizó lo espiritual sobre lo material, ya que se siguió la lógica de "o esto o aquello". Esto llegó hasta el siglo XX, y en el evangelicalismo tradicional se reflejó en la preeminencia de la salvación individual y espiritual sobre todo lo demás.[14]

Sin embargo, como el Antiguo Testamento contenía promesas terrenales, el dispensacionalismo clásico trató de explicarlas como futuras, en el Reino Milenial de Cristo sobre la tierra, y en principio solo para Israel. Así, el Reino de Dios se concibió en general como algo futuro, y si se lo mencionó en el presente, solo fue como una realidad en la esfera espiritual. Esta fue la posición que predominó en el evangelicalismo tradicional en América Latina. Pero a medida que comenzó a tener más influencia el modelo de nueva creación, la concepción de Reino de Dios fue sufriendo modificaciones. Por ejemplo, Emilio Núñez, en su ponencia sobre la naturaleza del Reino de Dios, dada en la Segunda Consulta de la Fraternidad Teológica

---

[10] Benedict T. Viviano, *The Kingdom of God in History* (1988), 149. Es altamente recomendable la lectura de este libro, ya que brinda un panorama claro y un análisis bien realizado de cómo el Reino de Dios fue entendido a lo largo de la historia.
[11] Ibíd.
[12] Ibíd.
[13] Ibíd., 149-50.
[14] Ver allí, en la discusión sobre hermenéutica, la relación entre evangelicalismo tradicional y dispensacionalismo.

Latinoamericana (FTL), realizada en Lima (Perú) en diciembre de 1972, declaró que:

> El teólogo que espiritualiza todo el programa escatológico de las Escrituras se halla en gran desventaja ante aquellos que ofrecen un nuevo orden para nuestro continente y menosprecian la tendencia tradicional cristiana de consolar a las masas con la promesa de un paraíso espiritual y celestial.[15]

Sin duda merece destacarse la intuición de Núñez, ya que en su desarrollo muestra ideas que se alejan de la profunda dicotomía entre lo espiritual y lo terrenal que existía en el dispensacionalismo clásico (en realidad en el evangelicalismo en general), y se acerca más a lo que luego se conoció como dispensacionalismo progresivo.[16]

Superada la dualidad espíritu-materia en el concepto de eternidad, queda superada esta dualidad también en el concepto de reino, y entonces es posible hablar de un Reino de Dios donde tanto el aspecto espiritual como el material se enfatizan, y de igual manera el aspecto presente y el futuro. Se tiene entonces una configuración de "ya" y "todavía no", y aunque la significación de estas realidades pueda variar entre los teólogos, la existencia de ambas manifestaciones del Reino es comúnmente aceptada.[17]

---

[15] C. René Padilla, ed., *El Reino de Dios y América Latina* (1975), 20.

[16] Según Oscar Campos el inicio del movimiento conocido hoy como "Dispensacionalismo Progresivo", se puede relacionar con el foro creado en 1985 como el "Grupo de Estudio Dispensacional" que se reunió junto con la "Sociedad Evangélica Teológica" (*Evangelical Theological Society*). Si se toma en cuenta que la ponencia de Núñez fue en 1972, se observa claramente lo adelantado del pensamiento de Núñez, en tanto dispensacionalista, para su tiempo. Ver Oscar A. Campos, "El Dispensacionalismo Progresivo y la tradición Dispensacional" (Notas de clase de Teología del Reino, Seminario Teológico Centroamericano, Guatemala, 2009): 2.

[17] Se debe reconocer a Oscar Cullmann la clarificación de la tensión entre el "ya" y el "todavía no". Como declara Edgar Moros Ruano, "a partir de Cullmann, para el protestantismo de hoy en día, lo que se diga con respecto a la vida del más allá ha de estar circunscrito a la realidad del reino inaugurado entre nosotros y a la consumación de dicho reino en el futuro". Edgar Moros Ruano, "Lo escatológico en el pensamiento protestante", *Separata* 1/9 (1999), http://www.centroseut.org/articulos/s1/separ022.htm (consultado el 28 de julio de

Ahora bien, el nuevo entendimiento del Reino de Dios trajo consigo un nuevo entendimiento de la misión de la iglesia, ya que, como observa Campos, "el entendimiento del tema bíblico del Reino de Dios como un evento completamente futuro afecta cualquier preocupación por el contexto social que se tenga en el presente".[18] En el entendimiento del Reino de Dios del modelo de nueva creación, como un "ya" y un "todavía no", la misión de la iglesia presenta un elemento espiritual, y uno material, un elemento presente, y uno también futuro, escatológico, pero todos íntimamente conectados entre sí, como lo afirma Juan Stam: "La escatología es siempre un llamado a la santidad. No está dada para que especulemos ni simplemente para que conociéramos eventos futuros antes de que acontezcan. Su finalidad es otra; está dada para que obedezcamos a Dios".[19]

Dado que el Reino de Dios en el modelo de la nueva creación irrumpe en la historia y la direcciona, sin consumirse en ella, se convierte entonces en la clave hermenéutica para entender el plan de Dios y la misión de la iglesia. Como declara René Padilla:

> El reino de Dios es el punto de partida y es la meta de la iglesia. Es una posesión y es una promesa. Es un "ya" y un "todavía no", una realización y una esperanza. Y la iglesia es la iglesia de Cristo en la medida en que refleja el "ya" y el "todavía no" del reino de Dios en su vida y su misión.[20]

Este "ya y todavía no" del Reino de Dios sirve como marco a la tarea de la iglesia entre la ascensión y la παρουσία del Señor Jesucristo. Por un lado, acota la energía autoimpulsada de la iglesia, que piensa que es su responsabilidad construir el Reino de Dios por sí misma, y por el otro, elimina la frustración que implica el no poder hacer nada hasta que Jesús regrese. Lo cierto es que la Iglesia y los cristianos individuales no "construyen el Reino" por sí mismos, sino

---

2012)

[18] Oscar A. Campos, "La Misión de la Iglesia y el Reino de Dios en el Evangelicalismo Tradicional" (Notas de clase de Teología del Reino, Seminario Teológico Centroamericano, Guatemala, 2009): 6.

[19] Juan Stam, *Escatología bíblica y la misión de la iglesia* (1999), 12.

[20] Padilla, *El Reino de Dios y América Latina:* 61.

más bien, construyen *para* el Reino.²¹ Así, como declara Wright:

> Lo que usted *haga* en el presente, cuando pinta, predica, canta, cose, ora, enseña, construye hospitales, perfora pozos, hace campañas por la justicia, escribe poemas, se encarga de los más necesitados y ama a su prójimo como a usted mismo, todas estas cosas *perdurarán en el futuro de Dios...* son parte de lo que podríamos denominar la *construcción del reino de Dios.*²²

Esto lleva al siguiente elemento que es necesario considerar en la misión de la Iglesia. Este es el compromiso social y con la justicia del creyente.

4. Compromiso social y justicia

Mientras el modelo de visión espiritual predominó, "los suceso finales, ubicados más allá de la historia, carecían de fuerza crítica y dejaban de ser acicate para vivir la fe en el más acá. Ello comportaba un desinterés por la actividad humana".²³ Tamayo Acosta observa atinadamente que:

> En el "debe" del enfoque tradicional hay que anotar la fuerte orientación *individualista y espiritualista* que caracterizaba la imagen del más allá, concentrada en la preocupación de cada cristiano por salvar su alma, al margen del tejido comunitario y con descuido de la dimensión integral de la persona. La consigna "lo único que importa es salvar el alma" reiterada abusivamente en los sermones y pláticas espirituales, ha configurado tan negativamente la vida de millones y millones de creyentes en Jesús, que se llegaba a considerar ajenas a la fe

---

²¹ Wright, *Sorprendidos por la esperanza*, 204. Para aclarar más este punto, es necesario afirmar que es Dios el que construye el Reino de Dios. Lo que los cristianos pueden y deben hacer en el presente, si deciden obedecer el llamado del Evangelio, seguir a Jesús, y ser dirigidos por el Espíritu, es construir *para* el reino. Ver Ibíd., 280.
²² Ibíd., 263.
²³ Tamayo Acosta, *Para comprender la escatología cristiana*, 15.

la incardinación en la historia y la dinámica comunitaria.[24]

Para Tamayo Acosta, en el ámbito Católico Romano, "el concilio Vaticano II ha superado airosamente este planteamiento intimista y ha rescatado con nitidez las dimensiones encarnatoria y social del cristianismo".[25] En uno de los textos producidos por el concilio,[26] la salvación es descrita ante todo por su elemento esencial: "la visión de Dios en la que los creyentes verán como Él es y por la que 'serán semejantes a Dios'".[27] Pero además, como hace notar Pozo:

> El concilio no se ha limitado en su descripción de la vida eterna a señalar este su elemento esencial. Con ello, el concilio muestra una fina sensibilidad pastoral: exponer a los fieles sencillos la vida eterna exclusivamente desde el punto de vista de la visión de Dios, fácilmente hace que la conciban como una especie de contemplación platónica, en la que no sabrían descubrir la plena y absoluta satisfacción de sus anhelos más íntimos. En todo caso, para evitar esta impresión, el concilio añade otras expresiones que subrayan en la vida eterna el aspecto de intimidad con el Señor ("estar con Cristo") y el aspecto gozoso de esa intimidad ("entrar con El a las bodas").[28]

Adicionalmente, Pozo comenta que el Concilio Vaticano II afirma que "el trabajo humano tiene relación con la preparación de ese mundo futuro que esperamos".[29] Esta afirmación es importante, ya que niega que la esperanza en una nueva creación justifique una

---

[24] Ibíd., 16.
[25] Ibíd.
[26] *Lumen Gentium*, VII.48. Vaticano, "Lumen Gentium", http://www.vatican.va/archive/hist_councils/ii_vatican_council/documents/vat-ii_const_19641121_lumen-gentium_sp.html (consultado el 4 de junio de 2012).
[27] Ibid.
[28] Cándido Pozo, *Teología del más allá* (1968), 554. No es del todo claro como las expresiones que señala Pozo pueden ayudar al creyente a no percibir la visión de Dios como una especie de contemplación platónica. Con todo, el avance hecho es grande.
[29] Ibíd., 578.

"alienación" de las tareas en la actual creación.[30]

Como se puede ver, la influencia del modelo de nueva creación se ha hecho sentir no solo en la Iglesia Protestante, sino también en la Católica. Sin embargo, si se profundiza en las implicaciones del modelo de nueva creación, surge entonces a las claras que hay mucho más camino por recorrer. Sobre todo en el tema de esta sección, el del compromiso social y la justicia. En este punto el aporte de Wright es inestimable. Él observa que "precisamente debido a que Jesucristo se levantó de entre los muertos, el nuevo mundo de Dios ya ha irrumpido en el presente y el trabajo cristiano de justicia es en el presente".[31] Esta es una idea muy profunda y revolucionaria. Significa que el compromiso social y con la justicia del cristiano en el presente no se basa en que Dios en algún momento del futuro va a establecer un reino de justicia, sino se basa en que Dios ya ha comenzado a establecer ese reino de justicia. Para expresarlo con otras palabras, lo que enseña el modelo de nueva creación es que la misión de la iglesia en el presente es vivir como *pueblo de la resurrección* entre la resurrección de Jesús y el día final, la pascua y el ἔσχατον, en tanto un signo de lo primero y una anticipación de lo segundo.[32] David Suazo lo expresa aún de manera más clara y concisa: "al fin y al cabo la misión de la Iglesia se podría resumir en una frase: 'vivir el futuro ahora'".[33]

Antes de seguir avanzando, debe contestarse la pregunta: ¿qué relación hay entre el compromiso social y la justicia? Para ello, lo mejor es aclarar lo que significa "justicia". Según John Stott, hay tres aspectos que se destacan de la justicia en la Biblia. El primero tiene que ver con el aspecto *legal*, es decir la administración de la justicia en los sistemas judiciales, con jueces, cortes, tribunales, etc. El segundo aspecto de la justicia es el *moral*, y está relacionado con la conducta recta del individuo, y la obediencia a las normas de santidad

---

[30] Ibíd. Pozo reconoce que el texto, sin embargo, no explica luego si la relación entre trabajo humano y mundo futuro debe concebirse en el sentido de influjo directo o solo indirecto en su preparación. Es la primera opción por la que se opta en esta tesis.

[31] Wright, *Sorprendidos por la esperanza*, 285.

[32] Ibíd., 68.

[33] David Suazo, *La función profética de la educación teológica evangélica en América Latina* (2012), 124.

moral de Dios. Finalmente, el tercer aspecto es el *social*, y este gira básicamente en torno a las relaciones. Estas relaciones pueden ser entre personas y grupos, gobernantes y gobernados, autoridades religiosas y pueblo, patrones y trabajadores, cultura dominante y las demás, etc.[34] Es en este último aspecto donde se ve la estrecha relación entre el compromiso social y la justicia. Se podría decir entonces que el compromiso social tiene que ver principalmente con el trabajo del cristiano en producir relaciones más justas en todos los ámbitos mencionados anteriormente.[35]

Antes de seguir avanzando, dado lo novedoso que este asunto puede resultar para algunos lectores, conviene aquí hacer una advertencia. Con esta nueva visión de la escatología no se está negando el centro de la revelación, la cual viene a través de la automanifestación de Dios en Jesucristo. Tampoco se tiene la pretensión de construir una escatología exclusivamente terrena.[36] Por el contrario, lo que se quiere es evidenciar que el *más allá* no está aislado o sin conexión con el *más acá*, y que el *más acá* tiene su razón de ser en el *más allá*. También se pretende mostrar que el cristiano tiene el compromiso firme de trabajar en construir una sociedad donde el amor, la justicia y la paz anticipen, aunque no la alcancen plenamente, a la gloria del Reino futuro. Así que el cristiano tiene toda razón de esperar la realización de las promesas del futuro reino de Cristo, en medio de la tensión presente-futuro, movido por una esperanza activa.[37] Como lo aclara Wright:

> No tiene ningún sentido volver a caer en el mundo cansado y dividido en el que algunas personas creer en el "evangelismo" en términos de la "salvación de las almas para una eternidad sin tiempo" y las otras personas que creen en la "misión" en

---

[34] John R. W. Stott, *Contra cultura cristiana: El mensaje del Sermón del Monte* (1984), 49-51, citado en Ibíd., 60-61.

[35] Para un ejemplo sobre cómo abordar este tema de la justicia en un ámbito global de relaciones, ver el interesante planteo sobre la deuda externa del tercer mundo en Wright, *Sorprendidos por la esperanza*, 289-91.

[36] Jaime Laurence Bonilla Morales, "Escatología como esperanza cristiana: Posición crítica frente al sistema neoliberal". *Franciscanum: Revista de las Ciencias del Espíritu* 147-148 (septiembre-diciembre de 2007/enero-abril de 2008): 35.

[37] Ibíd.

términos de "trabajar por la justicia, la paz y la esperanza en el mundo actual". Esta gran división no tiene nada que ver con Jesús y con el Nuevo Testamento, pero si tiene todo que ver con la esclavitud silenciosa de muchos cristianos (tanto los "conservadores", como los "radicales") a la ideología platónica de la ilustración.[38]

Volviendo al asunto de la justicia, es importante recalcar que este no es un tema menor en la Escritura. Como nota Suazo, "prácticamente todos los profetas del Antiguo Testamento abordan el tema [de la justicia] de diversas maneras, pero todos coinciden en que la justicia es una de las demandas más fuertes que Dios hace a su pueblo, si no es que la más fuerte".[39] En otro lugar, resalta que el tema de la justicia es clave en el Nuevo Testamento, y refleja muy bien la instrucción de Jesús dada en el Sermón del Monte:

> Allá Jesús dice que sus discípulos serán bienaventurados cuando tengan hambre y sed de justicia, ya que serán saciados (Mateo 5:6). La pregunta es ¿cuándo serán saciados? Jesús también dice que sus discípulos serán bienaventurados cuando sean perseguidos por causa de la justicia, ya que el Reino de los cielos les pertenece (Mateo 5:10). ¿Cuándo serán ellos "dueños" del Reino de los cielos? Jesús también enseña que si la justicia de sus discípulos no es mayor que la de los escribas y fariseos no podrán entrar en el Reino de los cielos (Mateo 5:20). ¿Cuándo entrarán plena y finalmente en el Reino de los cielos? Más adelante, Jesús dice que sus discípulos deben buscar primeramente le Reino de Dios y su justicia para luego recibir todo lo demás (Mateo 6:33). ¿Cuándo será añadido todo? Por último, el Apóstol Pedro parece haber entendido muy bien esta enseñanza cuando dice que la esperanza última del creyente es cielos nuevos y tierra nueva en los cuales mora la justicia (2 Pedro 3:12 (*sic*)). Todo esto indica que la utopía se hace realidad y se manifiesta, entre otras cosas, con la justicia

---

[38] Wright, *Sorprendidos por la esperanza*, 264.
[39] Suazo, *La función profética de la educación teológica evangélica en América Latina*, 59.

reinando plenamente. ¿No es justicia el clamor de todos hoy?[40]

Este clamor de justicia impele al cristiano a considerar seriamente las implicaciones que el "ya" del Reino de Dios tiene para la misión de la Iglesia en este mundo. Como lo expresa Bonilla Morales:

> En la resurrección de Cristo la esperanza no ve la eternidad del cielo, sino precisamente el futuro de la tierra sobre la que se yergue su cruz, y se hace cargo, con dulzura, de la tierra destruida y de los hombres maltratados, porque les está prometido el reino de la tierra.[41]

Este compromiso con la justicia en la dimensión social es algo que se ha venido enfatizando de una u otra forma en las últimas décadas, en especial desde la teología evangélica latinoamericana. La impresión que surge al estudiar la historia del evangelicalismo latinoamericano es que, usando una ilustración, en los últimos tiempos se ha tomado consciencia que el rompecabezas que es el evangelio es más grande que algunas partes que los evangélicos latinoamericanos han estado armando, y es necesario mirar mejor todo el cuadro para entender las cosas que se han estado descuidando. Por ejemplo: que el hombre reciba perdón de pecados y esté con Dios en el futuro es una parte importante de la salvación, y nunca debería ser menospreciada, pero *no es todo*. Es solo una parte del rompecabezas. Ni siquiera es lo *más* importante, sino *igual* de importante que los otros aspectos, es decir, el "ya" del Reino. En este sentido, la teología evangélica latinoamericana puede aportar mucho equilibrio al concepto de misión, ya que el evangelismo y la conversión individual es algo que siempre se enfatizó, y al agregarle ahora el brazo social y de justicia, se concibe una misión integral de la iglesia. Emilio Núñez, reflexionando en y desde el Antiguo Testamento, observa:

---

[40] Ibíd., 122.
[41] Bonilla Morales, "Escatología como esperanza cristiana…", *Franciscanum*: 39.

Con base en el Antiguo Testamento le hemos dado gran énfasis al interés que el Creador tiene en el bienestar total del ser humano. Él le dio tanto al hombre como a la mujer un cuerpo físico y un soplo espiritual. No debe extrañarnos que Él quiera bendecir las almas, y también los cuerpos. Él quiere proveer para las necesidades espirituales y para las necesidades físicas, o materiales.

El Antiguo Testamento ve diferencia pero no una separación abismal entre lo espiritual y lo físico, como si en este mundo lo uno pudiera vivir separado de lo otro. Tal dualismo no existe en la teología del Antiguo Testamento. En esas páginas se ve que el ser humano es uno en su diversidad, y diverso en su unidad. En la percepción antropológica del Antiguo Testamento, no hay almas descarnadas, ni cuerpos sin alma.[42]

De manera que este nuevo evangelicalismo debe cuidarse de no caer en extremos, ya sea espiritualizar todo el plan de Dios (como lo hizo el evangelicalismo tradicional) por un lado, u olvidarse del elemento de conversión individual, en aras de un evangelio social (como lo hizo la Teología de la Liberación). De hecho, originalmente el evangelicalismo latinoamericano mantuvo en equilibrio el elemento social y el espiritual. Samuel Escobar afirma que "los misioneros que actuaron como pioneros de la reflexión teológica evangélica en este continente fueron muy explícitos respecto a la significación social del Evangelio y de la conversión cristiana".[43] Pero este equilibrio se perdió, y se cayó en extremos, los cuales el mismo Escobar los señala en su artículo "¿Somos Fundamentalistas?":

> ¿Somos fundamentalistas? *No* si por ello se entiende la degeneración teológica señalada por Henry, el anti-intelectualismo simplista, la falta de seriedad en el estudio de la Biblia, y el espíritu reaccionario básico. No, si por ello se entiende el segregacionismo racial, el extremismo derechista Político y la ingenuidad de creer que el "American way of life" es el reino de Dios en la tierra. No, si por ello se entiende la

---

[42] Emilio A. Núñez, *Hacia una misionología evangélica latinoamericana* (1997), 315.
[43] Samuel Escobar, *De la misión a la teología* (1998), 14.

negación a considerar la aplicación del evangelio a todas las áreas de la vida y la cultura.[44]

Escobar mismo reconoce más adelante en el artículo que existen fundamentos básicos claros, presentes en la Escritura, de los cuales los evangélicos se aferran, pero que es muy diferente al extremo en que la teología tradicional evangélica ha caído, en gran parte debido al dualismo presente en su teología y en su misión.

Se debe mantener siempre en tensión el elemento presente y el escatológico de la misión. "El futuro escatológico solo tiene sentido si se relaciona con el presente y las realidades concretas que viven y enfrentan los cristianos de todos los tiempos".[45] En este sentido, Jesucristo es el modelo a imitar. Él "ya" vino una vez, pero "todavía no" por segunda vez. Y como la iglesia lo espera, su misión es cristocéntrica.

> La venida de Cristo significa que nuestra misión tiene que ser decididamente cristocéntrica. La iglesia va hacia el encuentro con su Señor. Es él a quien esperamos, es él a quien amamos. Todo nuestro futuro y nuestra esperanza lleva su nombre.[46]

El contexto latinoamericano invita a plantear una relectura de las acciones concretas de Jesús según fueron registradas por los evangelistas, de manera que se puedan percibir, explorar y asimilar su modelo, el cual dé forma al discipulado contemporáneo.[47] Para ponerlo de otro modo, "con Jesús de Nazaret no surge simplemente una nueva posibilidad religiosa, así como tampoco una nueva etnia o una nueva forma de salvación, sino una nueva creación".[48] Comprender esto libra al creyente de caer en los dos extremos que comúnmente cae. El primero es creer el mito del "progreso", que sostiene que a través de la acción de la Iglesia el mundo irá mejorando hasta la consumación. "A menudo, los cristianos han aceptado la idea

---

[44] Samuel Escobar, "¿Somos Fundamentalistas?", *Pensamiento Cristiano,* 50 (1966): 96.
[45] Suazo, *La función profética de la educación teológica evangélica en América Latina,* 120.
[46] Escobar, *De la misión a la teología,* 31.
[47] Ibíd., 30.
[48] Wright, *Sorprendidos por la esperanza,* 111.

general del 'progreso', aunque a veces este sigue un camino paralelo al de la esperanza cristiana, proviene de un origen diferente y se desvía hacia un destino muy distinto".[49] Muchos de los que creen en este mito se proclaman declaradamente antiplatónicos, "pero juntamente con este tipo de proclamaciones existen ciertos modos de presentar lo escatológico que producen perplejidad por lo que tienen de tintes platonizantes".[50] Por ejemplo

> Querer evitar hablar de dualidad cuerpo-alma (porque suena a platónica), pero al mismo tiempo presentar el encaminarse a la consumación como una ascensión evolutiva hacia una siempre mayor espiritualización;… llamar a ese estado simplemente resurrección; dar a la parusía final un mero sentido de adquisición de nuevas relaciones al resto del "cosmos" que se ha ido transformando paralelamente (no un volver a unirse el elemento espiritual con el propio cuerpo); todo esto suena mucho más a platonismo, incluso a una sucesiva superación (¡gnóstica!) de escalones de degradación, que el modo cristiano (¡tan poco platónico!) de concebir las relaciones de cuerpo y alma.[51]

El verdadero problema que plantea el mito del progreso es que no consigue acercarse y ocuparse del mal.[52] El modelo de nueva creación afirma que Dios juzgará a este mundo, y luego creará uno nuevo a partir de él. "En este mundo de rebelión y rebeldía, en este mundo plagado de explotación y de maldad, el Dios bueno *debe* ser un Dios que juzga".[53] Es necesario recordar que en toda la Biblia, y de manera especial en los salmos, el juicio de Dios que se anuncia es algo recto, es un motivo de celebración, y es algo que se debe esperar y ansiar que ocurra.[54] El segundo extremo que se debe evitar es el opuesto al anterior:

> ¿Para qué tratar de mejorar la prisión que nos circunda si

---

[49] Ibíd., 134.
[50] Pozo, *Teología del más allá*, 375.
[51] Ibíd., 375-76.
[52] Wright, *Sorprendidos por la esperanza*, 131.
[53] Ibíd., 197.
[54] Ibíd.

nuestra liberación está muy cercana? ¿Para qué aceitar los engranajes de una máquina que pronto va a caerse por un precipicio? Este es precisamente el efecto que han generado hasta la fecha algunos cristianos devotos que creen genuinamente que la salvación no tiene nada que ver con la forma en que está ordenado el mundo actual. Por el contrario, se ha observado con bastante frecuencia que las sólidas doctrinas judía y cristiana de la resurrección, como parte de la nueva creación de Dios, le otorgan más y no menos valor al mundo presente y a los cuerpos que tenemos actualmente. Lo que estas doctrinas ofrecen, tanto en el judaísmo clásico, como en el cristianismo clásico, es un sentido de continuidad, al igual que de discontinuidad entre el mundo actual (y el estado actual) y el mundo futuro, cualquiera que sea, con el resultado de que es indiscutible que lo que hacemos en el presente tiene una grandísima importancia.[55]

Tanto el mito del progreso como la desidia hacia lo que sucede en este mundo son elementos que rechaza el modelo de nueva creación. Por otro lado, provee los elementos para justificar el compromiso social y con la justicia del creyente y de la Iglesia, pero en base a una esperanza futura de nueva creación, la cual ya ha invadido el presente.

5. Voz Profética

Relacionado muy de cerca con el tema de la justicia, está el tema de la misión de la Iglesia como una voz profética para el mundo. Entendiendo que el Reino de Dios tiene un aspecto presente que va más allá de una realidad espiritual, la lectura que se hace del Antiguo Testamento, en especial del mensaje profético, toma una nueva relevancia en la praxis del creyente y de la Iglesia. En especial desde Latinoamérica, y desde los países en los cuales se sufre la pobreza y la opresión social, el mensaje de los profetas se lee con nuevos ojos, y con una comprensión tal vez mayor que la que tendría alguien que

---

[55] Ibíd., 64.

reflexiona desde un contexto de privilegio social y económico, como ha sido el caso de los teólogos europeos y norteamericanos del Siglo XX. Antes de seguir avanzando, lo mejor es precisar el significado de "voz profética". Suazo la define así:

> Por voz profética se entiende la denuncia del mal del pueblo de Dios y de las naciones, el llamado al arrepentimiento, el anuncio del juicio para el pueblo de Dios y para los enemigos del pueblo de Dios, el anuncio de la restauración y el anuncio de una nueva realidad, identificada como Reino de Dios.[56]

Además, este autor diferencia "voz profética" de "función profética". "La función profética es el ejercicio de la voz profética en términos de situaciones, circunstancias e individuos concretos".[57] En otro lugar, y en relación con la justicia, Suazo explica que la voz profética consta de dos dimensiones: "la primera es la negativa, que se identifica con la denuncia de la injusticia y la segunda es la positiva que se identifica con el llamado al arrepentimiento, es decir, a la obediencia activa del pueblo para seguir la justicia".[58] Más adelante se vuelve a estos conceptos.

Al acercarse al mensaje profético, es necesario distinguir entre el uso popular que se da a los términos "profeta" y "profecía", y el uso bíblico:

> En el uso popular, un "profeta" es alguien que puede predecir el futuro y "profecía" significa predicciones sobre el porvenir. Aunque estas definiciones populares contienen elementos verdaderos, de ninguna manera son apropiadas en términos bíblicos... Actualmente parece estar bien establecido que la raíz *nb'* significa "llamar" y que su morfología apoya el sentido de "uno que es llamado". Entonces, el profeta era alguien llamado por Dios y, como vemos en el Antiguo Testamento, llamado para hablar en nombre de Dios.[59]

---

[56] Suazo, *La función profética de la educación teológica evangélica en América Latina*, 13.
[57] Ibíd.
[58] Ibíd., 61.
[59] W.S. Lasor, D.A. Hubbard y F.W. Bush, *Panorama del Antiguo Testamento*

En esta misma línea, Stam declara que: "La función específica del profeta en el pueblo hebreo era aprender de Dios (y de la realidad, como Amós) la verdadera situación del pueblo de Dios y la voluntad de Dios para la acción del pueblo (Ex. 4:14s; 7:1s)".[60] Así, cuando se habla de mensaje profético (o profecía), la referencia es al mensaje que en la actualidad Dios quiere trasmitir por medio de su pueblo, el cual correlaciona el mensaje bíblico con la situación concreta en que está inmersa la iglesia. Es entonces un mensaje pertinente para la situación histórica, pero también relevante como Palabra de Dios.

También debe agregarse que si bien el mensaje profético debe ir inicialmente dirigido hacia adentro, es decir hacia el pueblo de Dios, también *debe* ser un mensaje hacia afuera, es decir, hacia la sociedad en general, aun hacia aquellos que no reconocen a Dios en sus vidas. Como dice Samuel Escobar, "el proyecto histórico de Dios empieza con su pueblo, aunque su intención es bendecir a toda la humanidad".[61] De esta manera la iglesia se convierte en conciencia del Estado, siendo la portavoz del mensaje de Dios para el pueblo.

Es importante entender, en el contexto del Antiguo Testamento, las exigencias divinas que se dieron por medio de los profetas, para poder entender la relevancia del mensaje profético en estos días. Al respecto Gary Williams hace un excelente resumen de las exigencias divinas que los profetas hicieron a Israel. "Los profetas hacían una distinción clara entre las exigencias divinas de más alta prioridad y otras que, sin dejar de ser exigencias, tenían menos prioridad.[62]

> Las exigencias divinas de más alta prioridad para Israel incluían: (1) Lealtad a Yahvé, excluyendo la adoración a ningún otro dios; (2) Justicia interhumana, particularmente en el trato para con los indefensos; y (3) Lealtad interhumana (cp. Mi. 6:8; Jer. 9:24).[63] Las exigencias divinas de menos prioridad para

---

(2004), 293-94.

[60] Juan Stam, *Apocalipsis y profecía: Las señales de los tiempos y el tercer milenio* (1998), 10.

[61] Escobar, *De la misión a la teología*, 16.

[62] Gary Williams, "Introducción a los profetas" (Notas de clase de Antiguo Testamento V, Seminario Teológico Centroamericano, Guatemala, 2009), 3.

[63] Ibid.

Israel incluían: (1) La liturgia (Am. 5:21-23; Is. 1:11, 13, 15); (2) El ayuno (Is. 58:3-7); y (3) Asistencia a los cultos (Am. 4:4-5; Is. 1:12-14).[64]

Luego de este resumen, Williams hace una muy pertinente observación:

> Cuando Israel daba prioridad a las exigencias secundarias e incumplía las exigencias primarias, Dios rechazaba tajantemente el cumplimiento de las exigencias secundarias (Am. 5:23-24; Is. 1:11-16; 58:3-7; Mt. 7:21-23; 23:23-26; 1 Co. 13:1-3). En la Iglesia evangélica hoy ponemos mucho énfasis en la lealtad a Yahvé, pero prestamos menos atención a los temas de la justicia y lealtad interhumanas. En cambio ponemos énfasis en cuestiones de prioridad secundaria, como la liturgia, la asistencia a los cultos, el ayuno y los milagros. ¿Será posible que Dios rechaza nuestro cumplimiento y fe en estas áreas porque no cumplimos con las exigencias de más alta prioridad?[65]

Esta reflexión es muy importante, ya que ayuda a poner en perspectiva la importancia de la labor profética de la Iglesia, en especial la tarea de denunciar las injusticias y deslealtades que sufren los hombres y mujeres por parte de otros individuos, en especial por parte de aquellos que están en una posición de superioridad social. Pero no solo la denuncia es lo que compete a la iglesia, sino también, siguiendo las dimensiones presentadas por Suazo, un llamado al arrepentimiento, lo cual implica un llamado a practicar la justicia.

El modelo de nueva creación rescata la preeminencia de la voz profética de la iglesia, y su función profética en contextos concretos, ya que prefigura y pinta el cuadro de cómo serán las cosas en el Reino futuro de Cristo, cuando la justicia y la paz perfectas serán las características intrínsecas de ese Reino. Esto es algo a lo que el evangelicalismo latinoamericano debe seguir despertando. La labor social de la iglesia no consiste *solamente* en dar de comer al hambriento, o ayudar al necesitado, sino también en denunciar las

---

[64] Ibíd.
[65] Ibíd., 4.

estructuras injustas que oprimen al ser humano, y proponer otras que resalten la justicia y la lealtad interhumana. Esto no significa abandonar la preocupación por el bienestar espiritual del individuo, sino complementar esta tarea con la labor social, parte esencial, como aquella, de la misión de la Iglesia.

6. Salvación y Redención

El modelo de visión espiritual, en relación al tema de la salvación, sostiene que el alma del ser humano (la parte realmente importante) se "salva" de este cuerpo malvado, y de este mundo triste y oscuro del tiempo y de la materia.[66] Sin embargo, como se mostró repetidas veces, la *totalidad de la Biblia* se muestra en contra de tal falta de sentido.[67] "Dios creó a un hombre entero. Fue el hombre entero el que pecó, y es el hombre entero el que está bajo la pena de muerte. Cristo murió para redimir al hombre entero. La redención no es completa hasta 'la resurrección de los muertos'".[68] Como lo resume Wright:

> lo que él [Jesús] estaba prometiendo para ese futuro y haciendo en ese presente no tenía nada que ver con salvar almas para una eternidad incorpórea. Se trataba, más bien, de rescatar a la gente de la corrupción y de la descomposición, de la forma de vivir del mundo en el momento, de manera que todos pudieran disfrutar, incluso en el presente, la renovación de la creación que es el propósito ultimo de Dios y de modo que pudieran convertirse en sus colegas y asociados en ese proyecto más amplio.[69]

Cuando Dios "salva" a una persona, mediante la obra del Espíritu Santo que le trae a la fe, y la lleva a que siga a Cristo como su discípulo, esa persona se convierte en una señal y un anticipo de lo

---

[66] Wright, *Sorprendidos por la esperanza,* 265.
[67] Ibíd.
[68] Ricardo Marín, "La escatología individual o universal", *Pregonero de Justicia* 5/2 (abril-junio 1999): 27.
[69] Wright, *Sorprendidos por la esperanza,* 262.

que Dios quiere hacer por la totalidad del cosmos.[70] De manera que "la 'salvación' no es 'ir al cielo' sino 'ser elevado a la vida en el nuevo cielo y en la nueva tierra de Dios'".[71] En su sentido más pleno, la redención implica: 1) la totalidad del ser humano y no solo su "alma"; 2) el presente y no solo el futuro, y 3) lo que Dios hace *a través* del cristiano y no solamente lo que hace *en y por* él.[72] No es la meta de Dios que el cristiano se aliene de esta tierra, sino convertirlo en un agente de transformación de la misma, anticipando el día en que, como se ha prometido, "rebosará la tierra con el conocimiento del SEÑOR como rebosa el mar con las aguas".[73] Según Wright:

> El ver el Evangelio y cualesquiera conversiones resultantes en términos de una nueva creación significa que el nuevo converso sabe desde un principio que él o ella es parte del reino-proyecto de Dios, el cual va más allá de mi yo y de mi salvación, para rodear o ser rodeado, más bien, por los propósitos más amplios del mundo de Dios.[74]

Volviendo al tema de la redención, comprender el concepto bíblico del mal puede traer mucha luz sobre lo que significa que el cristiano es "redimido". "Mal no consiste en ser creado, sino en la idolatría rebelde mediante la cual los seres humanos adoran y honran a elementos del mundo natural, en vez de adorar al Dios que los hizo".[75] Siendo lo malo la rebelión y no la materia, la esclavitud del ser humano no tiene que ver con su corporalidad, cuya redención se lograría con la muerte del cuerpo y la liberación del alma. En cambio, la esclavitud tiene que ver con el pecado y la redención del mismo debe a la larga implicar una nueva vida corporal.[76] Según lo señalara Guillermo Tyndale, reformador inglés y padre de la Biblia Inglesa, "San Pablo no confortaba a los despojados con una doctrina etérea de existencia espiritual, sino los condujo a arraigar su esperanza en la

---

[70] Ibíd., 271.
[71] Ibíd., 268.
[72] Ibíd., 271.
[73] Ibíd., 272.
[74] Ibíd., 301-02.
[75] Ibíd., 143.
[76] Ibíd., 144.

venida de Cristo y la resurrección".[77] Expresado de manera sucinta:

> La redención no es simplemente hacer que la creación sea un poco mejor, como podrían tratar de sugerir los evolucionistas optimistas. Tampoco es el rescate de espíritus y de almas de un mundo material maligno, tal como la querrían presentar los gnósticos. Es el rehacer de la creación, luego de haber apartado el mal que le está quitando sus características y la está distorsionando.[78]

7. Conclusión

Concluyendo este capítulo, parece oportuno citar lo que tan acertadamente afirma Alberto Roldán: "No existe espacio neutral en el que Jesucristo no deba ejercer Su soberanía. Nos cabe la responsabilidad y el desafío de demostrarlo en palabra y acción".[79] Como se mostró en este capítulo, desde Latinoamérica se han hecho importantes aportes a la reflexión teológica sobre la misión de la iglesia, y se ha visto reflejada en esa reflexión, ya sea consciente o inconscientemente, el modelo de nueva creación. Sin embargo, aún queda mucho camino por recorrer, y sigue pendiente la tarea de mostrar mediante la praxis de la iglesia evangélica latinoamericana, como esas ideas se encarnan y se viven.

---

[77] Citado en Marín, "La escatología individual o universal", *Pregonero de Justicia*: 28.
[78] Ibíd.
[79] Alberto F. Roldán, "Los caminos de la teología protestante en América Latina", *Kairós* 14-15 (Enero-Diciembre 1994): 158.

CONCLUSIONES Y RECOMENDACIONES

Llegando al final de este libro, persiste la expectativa que el lector haya podido asimilar las principales ideas sobre el *más allá* presentes en el modelo de visión espiritual y nueva creación, pero fundamentalmente, que haya sido desafiado a aplicar en el *más acá* las consecuencias de esas ideas. Para contribuir un poco más con este objetivo, se presenta a continuación una recapitulación de los temas más importantes de cada capítulo, y al final se ofrece una serie de recomendaciones, a modo de ideas, que puedan ayudar a aplicar las enseñanzas surgidas de esta investigación.

1. Recapitulación

El capítulo uno se encargó de desarrollar el modelo de "visión espiritual". Se proveyó un desarrollo histórico de este modelo, resaltando las figuras de Orígenes y Agustín como centrales en el posicionamiento del modelo. Además, se mostraron los pasajes bíblicos que apoyan principalmente este modelo, los cuales enfatizan la visión de Dios, y una estadía celestial del creyente en el futuro. Finalmente se desplegaron las ideas teológicas y filosóficas que sustentan el modelo, siendo la filosofía dualista de Platón y la interpretación alegórica de la Escritura los elementos esenciales en la configuración del modelo de visión espiritual.

El capítulo dos se encargó de exponer la contracara del modelo de visión espiritual, es decir, el modelo de nueva creación. Allí se siguió la misma metodología que la del capítulo anterior. En el desarrollo histórico se destacó la enseñanza de Jesús, y más adelante la de Ireneo, y la manera en que este modelo se fue recuperando en los últimos siglos, tanto en la Iglesia Protestante como en la Católica.

Luego en la parte bíblica se destacaron los pasajes que sustentan el modelo, en donde pudo observarse un claro énfasis en un futuro no celestial, sino terrenal, aunque claro en una nueva tierra. Luego en la sección de presupuestos teológicos y filosóficos, se destacó la hermenéutica literal y la apocalíptica judía como los elementos esenciales que configuraron el modelo.

El capítulo tres presentó una gran sección con exégesis, un total de nueve pasajes bíblicos claves con respecto al tema. Como se explicó en ese momento, esto respondió a la necesidad de confrontar el pre-entendimiento sobre el tema con la enseñanza de la teología bíblica. Luego de eso, se presentó una evaluación de los dos modelos, prestando atención a los elementos claves que los delinean y configuran. Entre estos elementos, el tema de la hermenéutica fue a uno de los que más atención se le prestó, asumiendo la preponderancia del método histórico-gramatical, pero ofreciendo algunas matizaciones. Luego los temas del cielo, del estado intermedio y del tiempo se los trató de acercar al mensaje bíblico, y se rescató el tema de la visión de Dios del modelo de visión espiritual, aunque combinado con la enseñanza sobre la resurrección y la nueva creación.

El capítulo cuatro intentó aterrizar las ideas vertidas en los capítulos anteriores, relacionándolos con la misión de la Iglesia. Aquí se enfatizó la importancia que tienen las ideas del más allá en el más acá. De manera especial se consideró la relación de la escatología con la misión, y se desarrolló el concepto de reino de Dios, concepto que, como se vio, tiene una gran influencia en el entendimiento de la misión de la iglesia. A lo largo del capítulo se intentó superar la dualidad espíritu/materia, y se trató de mantener en tensión el "ya" y el "todavía no" del reino. Por eso es que fue tan importante hablar del compromiso social y con la justicia del creyente, la voz profética de la iglesia y el significado completo de la salvación y la redención. Además, se trató siempre, y se espera haberlo logrado, de prestar especial atención al contexto latinoamericano, y de manera especial al de las iglesias evangélicas.

2. Recomendaciones

A lo largo del libro, casi en cada capítulo, se han ido presentando ideas sobre el *más allá* de las cuales se pueden extraer principios para el *más acá*. Eso se hizo intencionalmente en el capítulo 4, pero, como se indicó al inicio, el propósito era presentar principios orientadores para los líderes evangélicos latinoamericanos sobre cuál debe ser la tarea de la iglesia, y no estrategias o pasos a realizar. Pero al ir terminando esta obra, quizás valga la pena mencionar algunas ideas concretas para que tanto líderes como miembros de las iglesias evangélicas latinoamericanas puedan aplicar los principios ya expuestos.

En una primera línea de recomendaciones, vale la pena mencionar algunas ideas concretas en cuanto a cómo explorar las ideas sobre el *más allá*. Es importante que cada líder y creyente se confronte a sí mismo acerca de las ideas sobre la eternidad que posee. Tal como se han presentado los modelos de visión espiritual y nueva creación en este libro, se espera en este punto que el lector pueda valorar ambos modelos, y rescatar de cada uno aquello que está de acuerdo con el mensaje general de la Escritura. Con todo, como quizás el lector ya intuyó, el autor de este libro considera que el modelo de nueva creación tiene más concordancia con la Escritura que el modelo de visión espiritual.

Luego de leer la obra, quizás pueda reconocer en su propia praxis la predominancia de un modelo u otro. Y en esa evaluación pueda descubrir sus propios énfasis en lo relacionado con la misión. Como segundo paso, es importante hacer reflexionar a la congregación sobre estos asuntos. Aquí es importante comprender que si el modelo de visión espiritual es parte del pre-entendimiento de toda la congregación, el cambio no será fácil ni rápido. En la medida de lo posible debe motivarse a la congregación a reflexionar sobre el tema, ya sea brindando literatura relacionada, o en la medida de lo posible, ofreciendo cursos o talleres no muy extensos sobre el tema de escatología. Lo cierto es que el hombre tiene una curiosidad innata sobre lo que hay en el futuro, así que al escuchar la palabra escatología (si es que la entiende), se sentirá atraído a participar. También se puede aprovechar los sermones dominicales, en la medida de lo posible, para llevar a la gente a pensar en el tema del cielo y el más allá. Incluso para los dotados con habilidades musicales, una excelente sugerencia es que empiecen a componer canciones que pinten el futuro como lo enseña la Biblia, con una nueva creación, viendo al Señor, y también reinando con él. Las letras mismas pueden desafiar las ideas tradicionales, y llevar a la congregación, mediante la música, a imaginar lo glorioso de la resurrección y la nueva creación.

En una segunda línea de recomendaciones, vale la pena presentar ideas concretas sobre cómo cumplir la misión de la iglesia. Si el paradigma que su congregación ha tenido en cuanto a la misión es el de llevar almas al cielo, urge entonces la necesidad de implementar cambios. Es muy probable que estos cambios se empiecen a dar naturalmente en la medida que las ideas del modelo de nueva creación, y del reino Dios, van permeando a la congregación. Sin embargo, mientras esto sucede, lo más pertinente a la situación es enseñar por medio del ejemplo. Cuando se piensa en la misión de la Iglesia, muy pronto las ideas deben ceder el lugar a la acción. Esta acción debe comenzar adentro de la iglesia, pero debe ser dirigida hacia afuera. El discipulado contemporáneo en muchos sentidos está muy lejos de parecerse al discipulado de Jesús con sus discípulos. En los mejores casos, aquel se reduce a un estudio bíblico en la comodidad del hogar. Esto debe cambiar. El discipulado debe realizarse en las acciones concretas de la vida, y en la exposición que trae un compromiso con el prójimo y con la justicia. Superada debe quedar ya la idea de "evangelismo" en términos de la "salvación de las almas para una eternidad sin tiempo" y la "misión" en términos de "trabajar por la justicia, la paz y la esperanza en el mundo actual". El evangelismo y la acción social son las caras de la misma moneda.

Si se tiene la oportunidad de liderar algún grupo en la iglesia, se debe aprovechar este privilegio para como grupo modelar lo integral de la misión. Esto quizás sea más fácil de hacer con un grupo de jóvenes y adolescentes, siempre tan dispuestos a desafiar el *statu quo,* pero independientemente del grupo que sea, se pueden generar oportunidades para vivir un compromiso social y con la justicia. Recuerde que la labor social de la iglesia no consiste *solamente* en dar de comer al hambriento, o ayudar al necesitado, sino también en denunciar las estructuras injustas que oprimen al ser humano, y proponer otras que resalten la justicia y la lealtad interhumana. Esto no significa abandonar la preocupación por el bienestar espiritual del individuo, sino complementar esta tarea con la labor social, parte esencial, como aquella, de la misión de la iglesia. En este sentido, en cada contexto particular se deben generar estrategias dirigidas en esta dirección. Ser una voz profética no significa *solamente* pararse en el púlpito y denunciar las injusticias sociales que se viven. Aunque es parte, está muy lejos de agotar el significado. Se deben generar estrategias creativas para llevar adelante esta misión, y es necesario empezar a pensar con una mentalidad de reino de Dios. Si se desea que venga Su reino, y se haga Su voluntad aquí en la tierra como en el cielo, entonces es hora de empezar a planear como se va a afectar los espacios gubernamentales, educativos, de salud, de comunicación, y todo otro espacio donde la injusticia y la corrupción de individuos y de sistemas impidan que el reino de Dios se establezca. La labor es colosal, pero la esperanza y el aliento es que con esto no se está construyendo el reino de Dios, sino para el reino de Dios, el cual, tal cual ha sido prometido, un día no muy lejano será plenamente establecido, y entonces cada uno sabrá que su trabajo en el Señor no fue en vano. A Él sea la gloria. Amén.

BIBLIOGRAFÍA

Libros

Alonso Schökel, Luis. "Antiguo Testamento: Poesía". Tomo 2 de *Biblia del Peregrino*. Navarra, España: Verbo Divino, 1997.

------. "Nuevo Testamento: Edición de estudio". Tomo 3 de *Biblia del Peregrino*. Navarra, España: Verbo Divino, 1996.

Aristóteles, *Acerca del alma*. Madrid: Editorial Gredos, 1978.

Aune, David E. *Revelation 17-22*. Word Biblical Commentary 52C, editado por David A. Hubbard y Glenn W. Barker. Nashville: Thomas Nelson Publishers, 1998.

Bartley, James y Joyce Cope de Wyatt. *Juan*. Comentario Bíblico Mundo Hispano 17. Editado por Juan Carlos Cevallos y Rubén O. Zorzoli. El Paso, Texas: Editorial Mundo Hispano, 2004.

Barton, John, ed. *La interpretación bíblica hoy*. Colección Presencia Teológica, 113. Santander: Editorial Sal Terrae, 2001.

Bauckham, Richard J. *Jude, 2 Peter*. Word Biblical Commentary 50, editado por David A. Hubbard y Glenn W. Barker. Waco, Texas: Word Books, 1983.

Beasley-Murray, George R. *John*. Word Biblical Commentary 36, editado por David A. Hubbard y Glenn W. Barker. Waco, Texas: Word books Publishers, 1987.

Blass, F. y A. Debrunner. *A Greek Grammar of the New Testament and Other Early Christian Literature*. Traducción y revisión de la edición alemana 19 de Robert W. Funk. Chicago: University Press, 1970.

Blum, Edwin A. "Juan", En *El conocimiento bíblico: Un comentario expositivo; Nuevo Testamento*. Editado por John F. Walvoord y Roy B. Zuck, 2:13-126. Puebla: Ediciones Las Américas, 2000.

Bock, Darrel L., Craig Blaising, Ken Gentry Jr. y Robert Strimple. *Tres puntos de vista del milenio y el más allá. La posición del creyente ante el retorno inminente del Señor Jesucristo*. Miami: Vida, 2004.

Brown, Raymond E. *The Gospel According to John (xiii-xxi)*. The Anchor Bible 29A. New York: Doubleday and Company, 1977.

Bruce, F. F. *1 and 2 Thessalonians*. Word Biblical Commentary 45, editado por David A. Hubbard y Glenn W. Barker. Waco, Texas: Word books Publishers, 1982.

Carson D., R. France, J. Motyer y G. Wenham, eds. *Nuevo comentario bíblico, siglo veintiuno*. Miami: Sociedades Bíblicas Unidas, 1999. Versión electrónica de Libronix, 2000.

Chávez, Moisés y David Trigoso. *Isaías*. Comentario Bíblico Mundo Hispano 10. Editado por Daniel Carro *et al*. El Paso, Texas: Editorial Mundo Hispano, 1997.

Clark, Stanley y Ernesto Humeniuk. *Romanos*. Comentario Bíblico Mundo Hispano 19. Editado por Juan Carlos Cevallos y Rubén O. Zorzoli. El Paso, Texas: Editorial Mundo Hispano, 2006.

Constable, Thomas L. "1 Tesalonicenses". En *El conocimiento bíblico: Un comentario expositivo; Nuevo Testamento: 1 Corintios-Filemón*, editado por John F. Walvoord y Roy B. Zuck. Puebla: Ediciones Las Américas, 1996.

Daley, Brian. *The Hope of the Early Church: A Handbook of Patristic Eschatology*. Nueva York: Cambridge University Press, 1991.

Danker, Frederick William, ed. *A Greek-English Lexicon of the New Testament and other Early Christian Literature*. Tercera edición. Basada en Walter Bauer, *Griechisch-Deutsches Wörterbuch zu den Schriften des Neuen Testaments und der frühchristlichen Literatur*. Sexta edición. Editado por Kurt Aland, Barbara Aland, y Viktor Reichmann, y basada en la edición de William F. Arndt, F. Wilbur Gingrich, y F. W. Danker. Chicago: University Press, 2000.

D'Aragon, Jean-Louis. "Apocalipsis". En *Comentario bíblico san Jerónimo: Nuevo Testamento II*. Editado por Raymond E. Brown, Joseph A. Fitzmyer y Roland E. Murphy. Madrid: Ediciones Cristiandad, 1972.

Darling, Nigel J.L. *Una puerta abierta en el cielo: Las cosas que han de ser después de estas*. Buenos Aires: Editorial Andrés, 1957.

Davids, Peter H. *La primera epístola de Pedro*. Terrassa, Barcelona:

Editorial CLIE, 2004.

Dunn, James D. G. *Romans 1-8*. Word Biblical Commentary 38A, editado por David A. Hubbard y Glenn W. Barker. Dallas, Texas: Word books Publishers, 1988.

Escobar, Samuel. *De la misión a la teología*. Buenos Aires: Kairós, 1998.

Fitzmyer, Joseph A. "Carta a los Romanos". En *Comentario bíblico san Jerónimo: Nuevo Testamento II*. Editado por Raymond E. Brown, Joseph A. Fitzmyer y Roland E. Murphy. Madrid: Ediciones Cristiandad, 1972.

------. "Primera epístola de san Pedro". En *Comentario bíblico san Jerónimo: Nuevo Testamento II*. Editado por Raymond E. Brown, Joseph A. Fitzmyer y Roland E. Murphy. Madrid: Ediciones Cristiandad, 1972.

Forestell, J. Terrence. "Cartas a los Tesalonicenses". En *Comentario bíblico san Jerónimo: Nuevo Testamento I*. Editado por Raymond E. Brown, Joseph A. Fitzmyer y Roland E. Murphy. Madrid: Ediciones Cristiandad, 1972.

Fricke, Roberto y Gustavo Sánchez. "1 Corintios". En *1 y 2 Corintios*. Comentario Bíblico Mundo Hispano 20. El Paso: Editorial Mundo Hispano, 2003.

Furnish, Victor Paul. *II Corinthians*. The Anchor Bible 32A. New York: Doubleday and Company, 1984.

Garagalza, Luis. *Introducción a la hermenéutica contemporánea: Cultura, simbolismo y sociedad*. Barcelona: Editorial Anthropos, 2002.

Gangel, Kenneth O. "2 Pedro". En *El conocimiento bíblico: Un comentario expositivo; Nuevo Testamento: Hebreos-Apocalipsis*. Editado por John F. Walvoord y Roy B. Zuck. Puebla: Ediciones Las Américas, 1996.

García Morente, Manuel. *Lecciones preliminares de filosofía*. México, D. F.: Editorial Porrúa, 1980.

Gillis, Carroll. *Historia paralela de Judá e Israel*. Tomo 3 de *El Antiguo Testamento: Un comentario sobre su historia y literatura*. El Paso, Texas: Casa Bautista de Publicaciones, 1991.

Gomperz, Theodor. *Pensadores griegos: Una historia de la filosofía de la antigüedad*. 3 tomos. Barcelona: Editorial Herder, 2000.

González, Justo L. *Historia del pensamiento cristiano*. Barcelona: Editorial CLIE, 2010.

Green, Eugenio. *1 y 2 Tesalonicenses*. Grand Rapids: Editorial Portavoz, 2000.

Hanna, Roberto. *Ayuda gramatical para el estudio del Nuevo Testamento griego*. El Paso, Texas: Editorial Mundo Hispano, 2001.

Hendriksen, William. *Comentario al Nuevo Testamento: El Evangelio según san Juan*. Grand Rapids: Libros Desafío, 1981.

------. *Comentario al Nuevo Testamento: Romanos*. Grand Rapids: Libros Desafío, 2006.

------. *Comentario al Nuevo Testamento: 1 y 2 Tesalonicenses*. Grand Rapids: Libros Desafío, 2007.

Henry, Mathew. *Comentario Bíblico de Matthew Henry: Obra completa sin abreviar*. Barcelona: Editorial CLIE, 1999.

Hill, Thomas W. y Edgar Baldeón. "2 Corintios". En *1 y 2 Corintios*. Comentario Bíblico Mundo Hispano 20. Editado por Daniel Carro *et al*. El Paso: Editorial Mundo Hispano, 2003.

Hughes, Archibald. *A New Heaven and a New Earth: An Introductory Study of the Coming of the Lord Jesus Christ and thee Eternal Inheritance*. Filadelfia: The Presbyterian and Reformed Publishing Company, 1958.

Johnson, Elizabeth A. *La cristología, hoy: Olas de renovación en el acceso a Jesús*. Cantabria, España: Sal Terrae, 2003.

Kistemaker, Simon J. *Comentario al Nuevo Testamento: 1 Corintios*. Grand Rapids: Libros Desafío, 1998.

------. *Comentario al Nuevo Testamento: 2 Corintios*. Grand Rapids: Libros Desafío, 2004.

------. *Comentario al Nuevo Testamento: 1 y 2 de Pedro y Judas*. Grand Rapids: Libros Desafío, 1994.

151 Bibliografía

------. *Comentario al Nuevo Testamento: Apocalipsis*. Grand Rapids: Libros Desafío, 2004.

Kugelman, Richard. "Primera carta a los Corintios". En *Comentario bíblico san Jerónimo: Nuevo Testamento II*. Editado por Raymond E. Brown, Joseph A. Fitzmyer y Roland E. Murphy. Madrid: Ediciones Cristiandad, 1972.

Lasor, William Sanford, David Allan Hubbard Y Frederic William Bush. *Panorama del Antiguo Testamento: Mensaje, forma y trasfondo del Antiguo Testamento*. Grand Rapids: Libros Desafío, 2004.

Latourette, Kenneth Scott. *Historia del Cristianismo. Tomo 1*. Quarles. El Paso, Texas: Casa Bautista de Publicaciones, 1958.

Leahy, Thomas W. "Segunda epístola de san Pedro". En *Comentario bíblico san Jerónimo: Nuevo Testamento II*. Editado por Raymond E. Brown, Joseph A. Fitzmyer y Roland E. Murphy. Madrid: Ediciones Cristiandad, 1972.

Lowery, David K. "1 y 2 Corintios". En *El conocimiento bíblico: Un comentario expositivo; Nuevo Testamento: 1 Corintios-Filemón*, editado por John F. Walvoord y Roy B. Zuck. Puebla: Ediciones Las Américas, 1996.

Longenecker, Richard N., ed. *Life in the face of Death: The resurrection Message of the New Testament*. Grand Rapids: William B. Eerdmans, 1998.

Martin, John A. "Isaías". En *El conocimiento bíblico: Un comentario expositivo; Antiguo Testamento*, editado por John F. Walvoord y Roy B. Zuck. Puebla: Ediciones Las Américas, 2000.

Martin, Ralph P. *2 Corinthians*. Word Biblical Commentary 40, editado por David A. Hubbard y Glenn W. Barker. Waco, Texas: Word books Publishers, 1986.

McConnell, Cecilio y Hebert Palomino. "1 Pedro". En *Hebreos, Santiago, 1 y 2 Pedro, Judas*. Comentario Bíblico Mundo Hispano 23. Editado por Juan Carlos Cevallos y Rubén O. Zorzoli. El Paso, Texas: Editorial Mundo Hispano, 2006.

Michaels, J. Ramsey. *1 Peter*. Word Biblical Commentary 49, editado por David A. Hubbard y Glenn W. Barker. Waco, Texas: Word Books

Publishers, 1988.

Núñez, Emilio Antonio. *Hacia una misionología evangélica latinoamericana.* Miami: Unilit, 1997.

O'Rourke, John J. "Segunda carta a los Corintios". En *Comentario bíblico san Jerónimo: Nuevo Testamento II.* Editado por Raymond E. Brown, Joseph A. Fitzmyer y Roland E. Murphy. Madrid: Ediciones Cristiandad, 1972.

Orr William F. y James Arthur Walther. *I Corinthians.* The Anchor Bible 32. New York: Doubleday and Company, 1977.

Padilla, C. René. *El Reino de Dios y América Latina.* El Paso, Texas: Casa Bautista de Publicaciones, 1975.

------. *¿Qué es la misión integral?* Serie del Camino. Buenos Aires: Kairós, 2006.

Platón. "Fedón, o de la imortalidad del alma". En *Diálogos.* Madrid: Espasa-Calpe, 1976.

Pozo, Cándido. *Teología del más allá.* Madrid: Biblioteca de autores cristianos, 1968.

Raymer, Roger M. "1 Pedro". En *El conocimiento bíblico: Un comentario expositivo; Nuevo Testamento: Hebreos-Apocalipsis.* Editado por John F. Walvoord y Roy B. Zuck. Puebla: Ediciones Las Américas, 1996.

Reicke, Bo. *The Epistles of James, Peter, and Jude.* The Anchor Bible 37. New York: Doubleday and Company, 1978.

Robertson, A. T. *A Grammar of the Greek New Testament in the Light of Historical Research.* Nashville: Broadman Press, 1934.

Roldán, Alberto F. y Rubén O. Zorzoli. "2 Pedro". En *Hebreos, Santiago, 1 y 2 Pedro, Judas.* Comentario Bíblico Mundo Hispano 23. Editado por Juan Carlos Cevallos y Rubén O. Zorzoli. El Paso, Texas: Editorial Mundo Hispano, 2006.

Ropero, Alfonso, compilador. *Lo mejor de Agustín de Hipona.* 2 tomos. Barcelona: Editorial CLIE, 2001.

------. *Lo mejor de Ireneo de Lyon.* Barcelona: Editorial CLIE, 2003.

------. *Lo mejor de Orígenes*. Barcelona: Editorial CLIE, 2002.

Ruiz Bueno, Daniel. *Orígenes: Contra Celso*. Madrid: Biblioteca de Autores Cristianos, 1967.

Russell, J. Stuart. *The Parousia: A Critical Inquiry Into the New Testament Doctrine of Our Lord's Second Coming*. Grand Rapids, Michigan: Baker Book House, 1983.

Ryrie, Charles C. *Dispensacionalismo hoy*. Barcelona: Publicaciones Portavoz Evangélico, 1974.

Scheck, Thomas P. *Homilies 1-14 on Ezekiel*. Nueva Jersey: The Newman Press, 2010.

Smith, Wilbur M. *The Biblical Doctrine of Heaven*. Chicago: Moody Press, 1968.

Stam, Juan. *Escatología bíblica y la misión de la iglesia: Hasta el fin del tiempo y los fines de la tierra*. Bogotá: Semilla, 1999.

------. *Apocalipsis y profecía: Las señales de los tiempos y el tercer milenio*. Buenos Aires: Ediciones Kairós, 1998.

Strong, James. *The Doctrine of a Future Life: From a Scriptural, Philosophical, and Scientific Point of View*. Nueva York: Hunt y Eaton, 1981.

Suazo, David. *La función profética de la educación teológica evangélica en América Latina*. Barcelona: Editorial CLIE, 2012.

Tamayo Acosta, Juan José. *Para comprender la escatología cristiana*. Navarra, España: Verbo Divino, 1993.

VanGemeren, Willem A., ed. *New International Dictionary of Old Testament Theology and Exegesis*. 5 tomos. Grand Rapids: Zondervan Publishing House, 1997.

Vawter, Bruce. "Evangelio según san Juan". En *Comentario bíblico san Jerónimo: Nuevo Testamento II*. Editado por Raymond E. Brown, Joseph A. Fitzmyer y Roland E. Murphy. Madrid: Ediciones Cristiandad, 1972.

Vives, José. *Los Padres de la Iglesia: Textos doctrinales del cristianismo desde los orígenes hasta san Atanasio*. Barcelona: Editorial Herder,

1988.

Viviano, Benedict T. *The Kingdom of God in History*. Oregon: Wipf and Stock, 1988.

Wallace, Daniel. *Gramática griega: Sintaxis del Nuevo Testamento*. Adaptado al español y editado por Daniel S. Steffen. Miami: Editorial Vida, 2011.

Walvoord, John F. "Apocalipsis". En *El conocimiento bíblico: Un comentario expositivo; Nuevo Testamento: Hebreos-Apocalipsis*. Editado por John F. Walvoord y Roy B. Zuck. Puebla: Ediciones Las Américas, 1996.

Watts, John D.W. *Isaiah 34-66*. Word Biblical Commentary 25, editado por David A. Hubbard y Glenn W. Barker. Waco, Texas: Word Books, 1987.

Westermann, Claus. *Isaiah 40-66*. Londres: SCM Press, 1976.

Witmer, John A. "Romanos". En *El conocimiento bíblico: Un comentario expositivo; Nuevo Testamento*. Editado por John F. Walvoord y Roy B. Zuck. Puebla: Ediciones Las Américas, 2000.

Wright, Nicholas Thomas. *Surprised by Hope: Rethinking Heaven, the Resurrection, and the Mission of the Church*. Nueva York: HarperCollins, 2008.

------. *Sorprendidos por la esperanza: repensando el cielo, la resurrección y la vida eterna*. Miami: Convivium Press, 2011.

Zoller, Juan. *El Cielo*. Barcelona: Editorial CLIE, 1972.

Revistas y material inédito

Blaising, Craig. "Algunos cambios operados en la doctrina del Dispensacionalismo por dispensacionalistas contemporáneos" Parte 1. *Kairós* 4 (Enero-Junio 1989): 38-59.

Bock, Darrell. "El hijo de David y el cometido de los santos: Un estudio práctico del cumplimiento inicial y su hermenéutica". *Kairós* 12 (Enero-Junio 1993): 7-28.

Bonilla Morales, Jaime Laurence. "Escatología como esperanza cristiana: Posición crítica frente al sistema neoliberal". *Franciscanum: Revista de las Ciencias del Espíritu* 147-148 (septiembre-diciembre de 2007/enero-abril de 2008): 13-48.

Campos, Oscar A. "El Dispensacionalismo Progresivo y la tradición Dispensacional". Notas de clase de Teología del Reino, Seminario Teológico Centroamericano, Guatemala, 2009.

------. "El Reino de Dios como tema central de la Biblia". Notas de clase de Teología del Reino, Seminario Teológico Centroamericano, Guatemala, 2009.

------. "Gadamer: Subjetivismo y relativismo en la hermenéutica." *Vox Scripturae* 8/2 (julio de 2008): 73-93.

------. "La Misión de la Iglesia y el Reino de Dios en el Evangelicalismo Tradicional". Notas de clase de Teología del Reino, Seminario Teológico Centroamericano, Guatemala, 2009.

Carbullanca Nuñez, César. "La escatología y la ideología de 1 Tes 4,13-18". *Revista de Interpretación Bíblica Latinoamericana* 62/1 (2009): 15-27.

Dumont, Camille. "Tres dimensiones reencontradas: escatología, ortopraxis, hermenéutica". *Selecciones de Teología* 13/50 (abril-junio 1974): 81-92.

Escobar, Samuel. "¿Somos Fundamentalistas?". *Pensamiento Cristiano* 50 (Junio de 1966): 88-96.

González, Justo. "Evangelio y posmodernidad". Conferencias Teológicas, Seminario Teológico Centroamericano, Guatemala, 2008.

López Montero, Roberto. "La expresión *demutati in angelicam substantiam* y sus implicaciones escatológicas en Tertuliano". *Salmanticensis* 56/3 (septiembre-diciembre 2009): 495-516.

Marín, Ricardo. "La escatología individual o universal". *Pregonero de Justicia* 5/2 (abril-junio 1999): 25-29.

Matito Fernandez, José Ramón. "El futuro del hombre y el ser de Dios. La escatología trinitaria de Wolfhart Pannenberg". *Salmanticensis* 56/3 (septiembre-diciembre 2009): 445-94.

Padilla, René. "Hacia una Hermenéutica Contextual". *Encuentro y Diálogo* (1984): 1-23.

Pérez, Ramón. "Filosofía y escatología. Una perspectiva Adventista". *Theologika* 21/2 (2006): 208-32.

Roldán, Alberto F. "Los caminos de la teología protestante en América Latina". *Kairós* 14-15 (Enero-Diciembre 1994): 141-162.

Thiel, John E. "¿Cuál es nuestra esperanza? Reflexiones sobre escatología e imaginación". *Selecciones de Teología* 47/185 (enero-marzo 2008): 3-11.

Uríbarri, Gabino. "Modulaciones teológicas del tiempo. Ensayo sobre las formas de duración según la teología". *Estudios Eclesiásticos* 81/318 (julio-septiembre 2006): 535-566.

Williams, Gary. "Introducción a los profetas". Notas de clase de Antiguo Testamento V, Seminario Teológico Centroamericano, Guatemala, 2009.

Fuentes de Internet

Aristóteles. *Metafísica*.

http://biblio3.url.edu.gt/Libros/mfis.pdf (consultado el 24 de julio de 2012)

Biografías y Vida. "Galeno".

http://www.biografiasyvidas.com/biografia/g/galeno.htm (consultado el 31 de mayo de 2012).

El Arrebatamiento. http://www.elarrebatamiento.com/ (consultado el 28 de mayo de 2012).

Jiménez Jiménez, Luis Felipe. "En futuro perfecto. El fin del tiempo en Agustín, los apocalípticos y los gnósticos". *Mirabilia* 11 (junio-diciembre 2010) http://www.revistamirabilia.com/nova/images/numeros/2010_11/06.pdf (consultado el 4 de junio de 2012).

McGahey, J. F. "El Dispensacionalismo: Su definición y defensa". 1996.

http:// ecb.galeon.com/03.pdf (consultado el 23 de mayo de 2012).

Moros Ruano, Edgar. "Lo escatológico en el pensamiento protestante". *Separata* 1/9 (1999). http://www.centroseut.org/articulos/s1/separ022.htm (consultado el 28 de julio de 2012)

OpEdNews. "Yes, But What Really Happens after Death: Rethinking Heaven Indeed!". 3 de mayo de 2012. http://www.opednews.com/articles/Yes-But-What-Really-Happe-by-Mike-Rivage-Seul-120430-116.html (consultado el 14 de mayo de 2012).

Oviedo, L. "Teología Contextual", VocTeo, 26 de setiembre de 2009 http://www.mercaba.org/VocTEO/T/teologia_contextual.htm (consultado el 23 de mayo de 2012)

Padres de la Iglesia. "Orígenes de Alejandría. Vida y obra". 18 de julio de 2009. http://padresdelaiglesia.blogspot.com/2009/07/origenes-de-alejandria-vida-y-obra.html (consultado 10 de abril de 2012).

Patrick, Randall. "Resurrección: El cielo no es nuestro hogar". 15 de agosto de 2010. http://eladaliddelaverdad.over-blog.es/article-resurreccion-el-cielo-no-es-nuestro-hogar-55417200.html (consultado el 14 de mayo de 2012).

Pierantoni, Claudio. "El fin del mundo en San Agustín". *Teología y Vida* 41/1 (2012). http://www.scielo.cl/scielo.php?pid=S004934492000000100005&script=sci_arttext (consultado el 2 de junio de 2012).

Platón. *La República*. Buenos Aires: La Editorial Virtual, 2006. http://www.laeditorialvirtual.com.ar/pages/Platon/LaRepublica_07.html (consultado el 24 de julio de 2012)

Real Academia Española. "modelo". http://buscon.rae.es/draeI/SrvltConsulta?TIPO_BUS=3&LEMA=modelo (consultado el 4 de junio de 2012).

------. "visión beatífica". http://lema.rae.es/drae/?val=visi%C3%B3n%20beat%C3% ADfica (consultado el 20 de julio de 2012).

Sanfurgo, Ignacio. "San Agustín, un neoplatonismo cristiano". 4 de diciembre de 2009. http://es.scribd.com/doc/74426931/San-Agustin-Un-Neoplatonismo-Cristiano (consultado 15 de abril de 2012).

Talk To a Pastor Online. "Rethinking Heaven - Reflections on a Time Article and the Declaration of Stephen Hawking". http://talktoapastoronline.blogspot.com/2012/ 05/rethinking-heaven-reflections-on-time.html (consultado el 14 de mayo de 2012).

Vaticano. "Lumen Gentium".
http://www.vatican.va/archive/hist_councils/ii_vatican_ council/documents/vat-ii_const_19641121_lumen-gentium_sp.html (consultado el 4 de junio de 2012).

www.ingramcontent.com/pod-product-compliance
Lightning Source LLC
Chambersburg PA
CBHW031134090426
42738CB00008B/1085